Stella Kaltjob

Indices composites de mesure de l'impact sanitaire des pathologies

Stella Kaltjob

Indices composites de mesure de l'impact sanitaire des pathologies

Analyse critique, applications potentielles et proposition d'un nouvel indice

Presses Académiques Francophones

Impressum / Mentions légales
Bibliografische Information der Deutschen Nationalbibliothek: Die Deutsche Nationalbibliothek verzeichnet diese Publikation in der Deutschen Nationalbibliografie; detaillierte bibliografische Daten sind im Internet über http://dnb.d-nb.de abrufbar.

Information bibliographique publiée par la Deutsche Nationalbibliothek: La Deutsche Nationalbibliothek inscrit cette publication à la Deutsche Nationalbibliografie; des données bibliographiques détaillées sont disponibles sur internet à l'adresse http://dnb.d-nb.de.

Coverbild / Photo de couverture: www.ingimage.com

Verlag / Editeur:
Presses Académiques Francophones
ist ein Imprint der / est une marque déposée de
OmniScriptum GmbH & Co. KG
Heinrich-Böcking-Str. 6-8, 66121 Saarbrücken, Deutschland / Allemagne
Email: info@presses-academiques.com

Herstellung: siehe letzte Seite /
Impression: voir la dernière page
ISBN: 978-3-8381-4654-6

Zugl. / Agréé par: Lyon, Université Claude Bernard Lyon I, 2004

INDICES COMPOSITES DE MESURE DE L'IMPACT SANITAIRE DES PATHOLOGIES : ANALYSE CRITIQUE, APPLICATIONS POTENTIELLES ET PROPOSITION D'UN NOUVEL INDICE

Stella KALTJOB

Sous la direction de :
Monsieur Gérard DURU
et de Monsieur Hans Martin SPATH

Avec l'appui financier de :
St Marys Research Foundation

1

A la Très Sainte Trinité,

A la Très Sainte Vierge Marie,

A Patrick et nos enfants, Emmanuelle, Naomi, Luka et David,

A mes parents et beaux-parents, Anne et Thomas, Olive et Aaron †,

A Magali, Christophe, Thomas, Clotilde, Margot et Eloise,

A Monsieur Gérard Duru,

A Monsieur Hans Martin Späth,.

A Monsieur Michel Lamure et Mr Franck Chauvin,

A Antoine et Ludovic,

A Jocelyne Daumer, Pascal Bador et Valérie Siranian,

Table des matières

4

Liste des tableaux

Liste des figures

Introduction

Les indices composites de mesure de l'impact sanitaire des pathologies mesurent à la fois les composantes mortelles et non mortelles de la santé. En agrégeant des indicateurs de mortalité prématurée et des indicateurs de qualité de vie en une seule valeur, ils évaluent spécifiquement la perte de santé d'une population attribuable à une pathologie donnée. Ainsi, ils peuvent constituer des outils d'aide à la décision permettant :

- d'identifier les problèmes sanitaires,

- de définir les priorités de santé publique,

- d'optimiser l'allocation des ressources disponibles,

- et d'évaluer les résultats des actions de santé.

Depuis les années 1980, deux indices composites de mesure de l'impact sanitaire des pathologies ont été développés : l'indice DALYs (Disability-Adjusted Life Years) et l'indice HeaLYs (Healthy Life Years). Cependant, leur applicabilité en santé publique reste encore discutée car ils doivent au préalable faire la preuve de leur validité et de leur fiabilité.

La première partie de cet ouvrage présente les concepts et outils actuels de mesure de l'impact sanitaire des pathologies ainsi qu'une analyse critique des indices composites existants (DALYs et HeaLYs). La deuxième partie est consacrée à un nouvel indice composite de mesure de l'impact sanitaire des pathologies MIMIC-BDI (Multiple Indicators MultIple Causes – Burden of Disease Index).

Partie I : Concepts et outils de mesure de l'impact sanitaire des pathologies

1. Santé et morbidité : concepts et définitions

Selon une définition de Nunnaly J.C. cité par A. Leplège, « mesurer consiste dans des règles d'attribution de nombres à des objets de façon à représenter des quantités d'attributs » [6]. **Ainsi la construction d'indices de mesure nécessite au préalable une définition du phénomène étudié et de ses attributs et une réduction de ce phénomène à ses attributs mesurables** [7]. La mesure de phénomène aussi complexe que la santé, consiste donc à quantifier certains de leurs attributs caractéristiques définis dans une perspective décisionnelle [7].

La mesure de l'impact sanitaire des pathologies permet d'évaluer la part de variabilité de la santé d'une population attribuable aux pathologies. Une définition opérationnelle de la santé est donc indispensable pour développer des indices de mesure de l'impact des pathologies sur la santé des populations.

1.1. Santé d'un individu

1.1.1. Définition générale de la santé

La définition de la santé faisant référence dans de nombreux articles scientifiques, est celle donnée par les fondateurs de l'OMS en 1946 : *« la santé est un état de total bien-être physique, psychologique et social et pas seulement l'absence de maladies et d'infirmités »* [8].Ainsi pour mesurer la santé, il semble indispensable de clarifier les concepts utilisés dans cette définition, à savoir la maladie, l'infirmité, et le bien-être.

La maladie est une altération de l'état de santé, attribuée à des causes internes (anomalies génétiques par exemple) ou externes (agents infectieux, malnutrition,…), se traduisant par des signes et des symptômes, et se manifestant par une perturbation des fonctions normales physiques et psychologiques de l'organisme [9]. Tandis que l'infirmité est une altération permanente d'une fonction de l'organisme d'origine acquise ou congénitale [9]. **Les définitions de la maladie et de l'infirmité sont donc étroitement liées aux normes sociétales de fonctionnement physique et psychologique de l'individu.**

La compréhension du concept de santé nécessite également une définition du concept de bien-être. A. Leplège définit le bien-être comme la satisfaction de cinq catégories de besoins [7], issus de la théorie des besoins de Maslow : les besoins physiologiques (manger, boire,...), les besoins de sécurité (sécurité physique, économique, environnementale,...), les besoins d'identité et d'amour, les besoins d'estime de soi et les besoins d'épanouissement personnel. Ces besoins peuvent être classés dans deux catégories de besoins : les besoins physiques (besoins d'intégrité anatomique et besoins physiologiques) et les besoins psychologiques (besoin d'identité et d'amour par exemple).

Ainsi la définition positive de la santé par l'OMS prend en compte non seulement des altérations de la santé correspondant à une maladie ou une infirmité, mais aussi des dysfonctionnements physiques et psychologiques dont les causes sont inconnues (*i .e.* syndromes) ainsi que des dysfonctionnements physiques et psychologiques perçus par l'individu comme étant anormaux bien qu'ils ne correspondent pas aux normes sociétales de dysfonctionnement.

Une autre définition de la santé proposée plus récemment par l'OMS présente la santé comme :

(1) un attribut individuel bien qu'on puisse utiliser des mesures agrégées de la santé des individus pour décrire la santé d'une population,

(2) un concept différent du bien-être,

(3) une valeur intrinsèque aux êtres humains,

(4) un concept multidimensionnel dans lequel chaque dimension peut être mesurée.

Ainsi un état de santé est représenté par une combinaison de niveaux des différentes dimensions. Cette définition admet que **les états de santé forment un continuum** selon le degré de satisfaction de l'individu. De ce fait, elle va au delà de la définition de la santé de 1946 qui ne correspond qu'à un seul état de santé : l'état de parfaite santé, de total bien-être.

En outre, cette nouvelle définition différencie le concept de santé de celui de bien-être. Mais en quoi ces deux concepts seraient-ils distincts ? Le concept de santé aurait-il d'autres dimensions que le bien-être physique et psychologique de l'individu ?

En d'autres termes, y aurait-il d'autres besoins qu'un individu cherche à satisfaire hormis ses besoins physiques et psychologiques? On serait tenté de répondre par l'affirmative en donnant comme exemples le besoin de reconnaissance sociale ou le besoin de sécurité économique. Or ces derniers correspondent à des composantes du bien-être psychologique de l'individu. Ainsi le concept de santé en tant qu'attribut individuel et intrinsèque ne peut que rester limité aux dimensions du bien-être physique et psychologique. En définitive, la frontière entre les concepts de santé et de bien-être semble assez floue et à *priori* peu naturelle. Dans cet ouvrage, ces concepts sont donc considérés comme étant un seul et même phénomène.

1.1.2. Santé et qualité de vie

Le caractère intrinsèque de la santé par rapport aux individus est un des facteurs de complexité de sa mesure. Il suppose une évaluation subjective de la santé et fait appel à la notion de qualité de vie.

L'OMS définit la qualité de vie comme la **perception et l'évaluation subjective de l'individu** de sa place dans l'existence en relation avec ses objectifs, ses attentes, ses normes et ses inquiétudes et dans le contexte de sa culture et de son système de valeurs [14]. Cette définition est assez vague mais intuitivement proche de celle du bien-être. D'autres définitions proposées dans la littérature décrive la qualité de vie comme :

(1) la perception par l'individu de son bien-être physique, spirituelle, psychologique, social, économique, et politique [15] ou (2) un phénomène dépendant de la capacité des individus à satisfaire leurs besoins [16]. En ne conservant que les dimensions intrinsèques de l'individu, **on peut définir la qualité de vie comme la perception et l'évaluation subjective de l'individu de son bien-être physique et psychologique.** Elle dépend de la personnalité de l'individu, de la culture et du système de valeurs

dans lesquels il vit ainsi que 'de son environnement socio-économique, politique, *etc.*...

Si l'on réfute la séparabilité du concept de bien-être de celui de la santé, alors la qualité de vie peut être réduite à **la perception de l'individu de son état de santé.** C'est un phénomène ayant une expression psychologique (liée à une perception par le sujet) et/ou comportementale (dans la vie courante) observables et donc mesurables en eux-mêmes [10]. Sa mesure consisterait donc à évaluer la perception de l'individu de son état de santé à travers ses modes d'expression. Cela implique que la mesure de la qualité de vie d'un individu ne soit réalisée que par l'individu lui-même. Si elle devait être réalisée par des individus vivant dans un état de santé différent de celui qu'on leur demande d'évaluer, elle requiert de ces individus qu'ils s'imaginent dans un état de santé hypothétique. C'est souvent le cas lorsque des études de qualité de vie sont réalisées auprès de professionnels de santé ou dans la population générale et non pas auprès des patients.

Dans la littérature [15], certains auteurs utilisent le terme de « qualité de vie liée à la santé » (*health-related quality of life*), ce qui suppose que les concepts de qualité de vie et de santé soient séparables. Or le concept de qualité de vie non liée à la santé proposé dans la littérature [15] est caractérisé par des attributs constituant des déterminants de la perception de l'individu de son bien-être physique et psychologique (environnement socio-économique, *etc*...). En pratique, la qualité de vie liée à la santé correspond à une réduction du concept de qualité de vie à des dimensions directement influençables par des actions de santé [15]. Par conséquent, le terme « qualité de vie liée aux actions de santé » paraît plus adéquat que le terme « qualité de vie liée à la santé ».

1.1.3. Une définition opérationnelle de la santé d'un individu

La santé d'un individu peut être définie comme l'état de satisfaction de ses besoins physiques et psychologiques. Et la « parfaite santé » correspond à un état de satisfaction totale des besoins physiques et psychologiques de l'individu.

La santé d'un individu est un processus multidimensionnel dynamique [5], dont les dimensions correspondent aux différentes catégories de besoins de l'individu (besoins physiologiques, *etc...*).

La mesure de l'état de santé d'un individu consistera donc en l'agrégation du degré de satisfaction de ses besoins physiques et psychologiques pour obtenir une valeur unique relative par rapport à l'état de « parfaite santé ».

La santé étant une valeur intrinsèque aux êtres humains [11], certaines dimensions de la santé ne peuvent être mesurées objectivement (la douleur par exemple). La mesure de la santé consiste donc à combiner une évaluation objective (mesure clinique) avec une évaluation subjective (qualité de vie) (figure 1). Dans la littérature, c'est souvent la qualité de vie liée à la santé (ou plutôt la qualité de vie liée aux actions de santé) qui est évaluée.

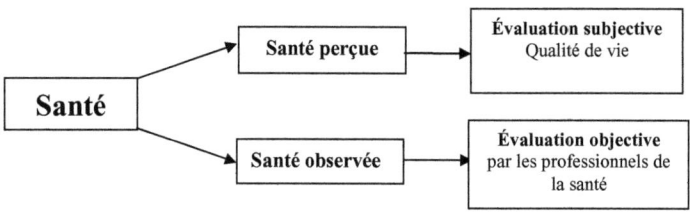

Figure 1: Evaluation subjective et objective de la santé, adaptée de Sadana et al, 2002 [17]

1.2. Santé d'une population

La santé étant un attribut individuel, la définition de la santé d'une population ne peut être faite que sur la base de la santé des individus qui la composent. Ainsi la santé d'une population est considérée comme étant **le degré de satisfaction des besoins physiques et psychologiques des individus de la population par rapport à un idéal de parfaite santé**. Cet idéal correspond soit à un idéal unique commun aux individus de la population soit à l'agrégation des idéaux individuels. **La santé d'une population est un processus dynamique, dont les principales composantes mesurables sont la mortalité et la morbidité.**

La morbidité d'une pathologie correspond à l'impact de cette pathologie sur l'état de santé des individus composant une population (*i.e.* l'impact d'une pathologie sur la santé d'une population) [15]. Si l'on considère la mort comme un état de santé, alors la morbidité d'une pathologie devrait prendre en compte la mortalité prématurée due à cette pathologie. Mais bien souvent dans la littérature, la mesure de la morbidité d'une pathologie n'intègre pas la mesure de la mortalité prématurée liée à cette pathologie. Cette dernière est souvent présentée séparément. Il en sera de même dans cet ouvrage afin d'en faciliter la compréhension. Ainsi la mesure de la morbidité ne concernera que les états de perte partielle de santé relativement à la santé parfaite, les décès n'y étant pas intégrés. Ces états de perte partielle de santé seront appelés états d'invalidité.

En définitive, **la morbidité d'une pathologie sera considérée comme étant l'impact non mortel que cette pathologie a sur l'état de bien-être physique et psychologique des individus composant une population.** La mesure de la morbidité d'une pathologie sera donc basée sur une évaluation à la fois objective (épidémiologie) et subjective (qualité de vie).

En pratique, la quantification de la mortalité et de la morbidité consiste en l'agrégation des états de santé des individus qui composent la population. Dès lors que cette mesure est utilisée pour informer des décisions publiques, en particulier pour évaluer la performance du système de santé, la définition des attributs de la santé à mesurer ainsi que le choix du modèle d'agrégation dépendent des objectifs du système de santé. La définition de ces objectifs est étroitement liée aux **principes de justice distributive** adoptés mais aussi de l'interprétation du principe de la démocratie, afin de choisir le point de vue adopté (celui des décideurs, celui des patients ou celui de la population). Il existe quatre théories de la justice distributive :

la théorie aristotélicienne, l'utilitarisme, l'égalitarisme et la théorie du maximin de Rawls.

La théorie aristotélicienne citée par Claire Lachaud, définit deux types de justice : une justice horizontale (à besoin égal, traitement égal), et une justice verticale (traitement en proportion de l'amplitude des besoins) [18]. Cette théorie privilégie donc l'équité verticale et l'équité horizontale.

L'utilitarisme est basé sur le principe moral d'attribuer une plus grande utilité a une action apportant le maximum de bien-être au plus grand nombre [19]. Le niveau initial de santé (par exemple la sévérité de la pathologie) n'est donc pas pris en compte. Le critère prédominant ici est la productivité marginale de l'action. C'est le principe adopté par les analyses de type coût-efficacité dont l'objectif est de maximiser l'amélioration de santé obtenu par des actions de santé au coût le plus bas possible [19]. Cette théorie privilégie donc l'efficience.

L'égalitarisme est basé sur le principe que l'action la plus juste est celle qui donne la distribution des biens la plus égale [19]. Cela implique qu'une situation dans laquelle deux individus sont en mauvais état de santé est préférée à une situation ou un des individus est en mauvais état de santé tandis que l'autre est en bonne santé [19]. Ce principe d'égalité est difficilement applicable en santé.

La théorie du Maximin de Rawls est dérivée de l'égalitarisme [19]. Elle est basée sur le principe qu'une inégalité entre individus est acceptable aussi longtemps qu'il n'est pas possible d'améliorer la situation de ceux en mauvaise situation [19]. Chaque situation est donc évaluée selon le point de vue du plus désavantagé. Le choix de la solution nécessite une condition d'ignorance de la classe à laquelle on appartient, ce qui conduirait selon Rawls à prendre le point de vue du plus désavantagé. Ce principe n'est applicable que d'un point de vue macro-économique, selon Rawls. Ainsi il conduirait à prioriser les patients dans l'état le plus sévère, même si le potentiel d'amélioration est faible, et ceci au détriment de patients dans des états moins sévères mais à potentiel d'amélioration fort. Cette théorie privilégie donc les pathologies qui affectent le plus la santé de la population.

Selon le principe de justice distributive adopté, le modèle d'agrégation de la santé des individus consiste à pondérer l'état de santé des individus en fonction de leur potentiel d'amélioration de la santé (utilitarisme) ou en fonction de leur état initial de santé (théorie aristotélicienne et théorie du Maximin de Rawls). Comme le montre l'exemple de la Suède, il est possible d'adopter deux principes différents de la théorie distributive. Ainsi, le gouvernement suédois a adopté les trois principes éthiques suivants pour définir les priorités de santé (listés par ordre d'importance décroissante) [20] : (1) le principe de dignité humaine, (2) le principe de besoin, basé sur la théorie aristotélicienne et le principe de solidarité envers les désavantagés, proche de la théorie du Maximin de Rawls et enfin (3) le principe de coût-efficience, basé sur l'utilitarisme. L'indice QALYs très connu dans le domaine de l'économie de la santé relève du principe d'efficience alors que les indices d'impact sanitaire des pathologies tels que les DALYs reposent plutôt sur le principe de besoin.

2. Indices de mesure de l'impact sanitaire des pathologies

Les indicateurs épidémiologiques classiques (tels que l'incidence, la mortalité infantile, etc…) ne prennent en compte que la mortalité et la fréquence de survenue des pathologies. Ils ne donnent pas d'information sur la qualité de vie des individus vivant dans un état de santé donné. Ainsi depuis les années 1960, la recherche portant sur la mesure de la santé des populations s'est orientée vers le développement d'indices composites, capables de fournir une information synthétique sur la mortalité et la qualité de vie des individus d'une population [21]. Les indices composites de mesure de l'impact sanitaire des pathologies sont apparus dans les années 1980, avec le développement de l'indice HeaLYs. Ils permettent d'évaluer au sein d'une population, la perte de santé due à une pathologie. Ainsi ils sont estimés par agrégation d'indicateurs de mortalité prématurée due à une pathologie et d'indicateurs de morbidité intégrant la perte de qualité de vie liée à une pathologie. A partir des années 1980, deux indices composites de mesure de l'impact sanitaire des pathologies ont été développés : l'indice DALYs (Disability-Adjusted Life Years) et l'indice HeaLYs (Healthy Life Years).

2.1. Notions générales de métrologie

La mesure de phénomènes complexes tels que la santé et la qualité de vie, nécessite un rappel des notions élémentaires de métrologie. Selon la définition classique de Stevens et Nunnaly citée par A. Leplège, « la mesure est un ensemble de règles, pour assigner des nombres à des objets ou sujets, de telle sorte que ces nombres quantifient un attribut » [6,22]. « Un attribut est une caractéristique des objets ou sujets pour laquelle ceux-ci peuvent être ordonnés » [6,22]. **Ainsi la première étape de la construction d'un indice de mesure de la santé est de définir les attributs mesurables du concept de la santé ainsi que le type d'échelle sur laquelle ils peuvent être mesurés.** Stevens définit quatre type d'échelles de mesure : les échelles nominales, les échelles ordinales, les échelles d'intervalles et les échelles de proportionnalité [22]. Dans les échelles nominales ou classificatoires, les nombres assignés ne définissent aucune relation quantitative entre les objets ou les sujets (la numérotation de places de parking par exemple). Dans les échelles ordinales, les nombres assignés reflètent l'ordre d'intensité des phénomènes mesurés (par exemple un score de 0 à 5 selon la capacité d'un individu à monter des escaliers). Dans les échelles d'intervalles et de proportionnalité, les nombres traduisent à la fois un ordre d'intensité du phénomène mesuré et les distances existant entre les différentes intensités. Ce sont les seules qui autorisent des estimations de moyenne, d'écart type, des statistiques paramétriques. Alors que les échelles d'intervalles ne donnent une indication que sur les valeurs relatives des intensités , les échelles de proportionnalité donnent des indications sur leurs valeurs absolues [22].

Ainsi le type d'échelle de mesure détermine l'analyse statistique qu'on peut réaliser. Pour la mesure de la qualité de vie, ce sont les échelles ordinales, les échelles d'intervalle et les échelles de proportionnalité qui sont utilisées avec une préférence pour les deux dernières, de niveau de mesure plus élevé [7].

2.2. Bases théoriques

La construction des indices DALYs et HeaLYs est essentiellement basée sur deux hypothèses :

(1) Il existe un idéal de « parfaite santé » commun à tous les individus [2]. C'est donc par rapport à cet idéal qu'est estimée la perte de santé dans la population.

(2) Une pathologie affecte la santé d'une population par sa morbidité (cf. section 1.2) et par les décès prématurés qu'elle cause (mortalité prématurée) [3].

L'unité de mesure des indices DALYs et HeaLYs est le temps. Ces deux indices sont exprimés en nombre équivalent d'années de vie en parfaite santé perdues du fait d'une pathologie. En pratique, le calcul de ces indices consiste donc en l'addition des années de vie en parfaite santé perdues du fait de la morbidité et de la mortalité prématurée associées à une pathologie. Ce calcul nécessite donc de transformer des indicateurs épidémiologiques de mortalité prématurée et des indicateurs de morbidité dans cette unité de temps (nombre d'années de vie en parfaite santé perdues). Les formules utilisées pour réaliser ces transformations seront données dans les sections présentant chacun des indices (sections 2.4 et 2.5).

Comme évoqué dans la section 1.2, la mesure de la santé d'une population nécessite de déterminer un modèle d'agrégation des états de santé des individus qui la composent. Ce modèle d'agrégation est basé sur les objectifs du système de santé ainsi que sur les principes de justice distributive adoptés. Ainsi, Murray et Lopez [23] ont identifié cinq questions essentielles auxquelles il faut répondre pour construire des indices composites d'impact sanitaire des pathologies exprimés en unité de temps (années de vie en parfaite santé):

(1) A combien d'années de vie en parfaite santé un individu aspire - t'il?

(2) Une année de vie gagnée ou perdue aujourd'hui dans un état de santé est-elle équivalente à une année de vie gagnée ou perdue dans le futur et dans ce même état de santé?

(3) Comment comparer les années de vie en parfaite santé perdues par mortalité prématurée avec les années de vie en parfaite santé perdues du fait de la morbidité (*cf.* section 1.2) d'une pathologie ?

(4) Les années de vie dans un même état de santé sont-elles équivalentes à tous les âges ?

(5) Doit-on prendre en compte les différences d'espérance de vie entre les populations pour calculer la perte de santé ?

Ces questions ont suscité de nombreux débats, en particulier sur la construction de l'indice DALYs [24,25,26].

2.3. Indicateurs de mortalité prématurée et de morbidité

La mesure de la mortalité prématurée d'une pathologie est généralement basée sur des indicateurs épidémiologiques traditionnels tels que les causes de décès. Tandis que la mesure de la morbidité d'une pathologie nécessite à la fois des indicateurs épidémiologiques traditionnels de la fréquence de survenue de la pathologie, tels que l'incidence et la prévalence et des indicateurs de qualité de vie.

La qualité de vie est un phénomène complexe multidimensionnel traduisant la perception des individus de leur état de bien-être physique et psychologique (*cf.* section 1.1.2). Sa mesure consiste donc à agréger les mesures élémentaires de ses multiples dimensions. Ses instruments de mesure se présentent sous la forme de questionnaires comportant plusieurs items regroupés en dimensions et permettant de décrire les états de santé. Il existe deux types d'instruments de mesure de la qualité de vie: les échelles psychométriques tel que le NHP (*Nottingham Health profile*) et les index d'états de santé pondérés par les préférences (*e.g. EuroQol, Quality of Well-Being Scale, Health Utilities Index Mark III*) [7]. Le tableau I présente les dimensions mesurées par quelques instruments de mesure de la qualité de vie. On peut noter que ces dimensions varient d'un instrument à un autre.

Les échelles psychométriques ne fournissent pas un score global de l'état de santé mais seulement un ensemble de scores des différentes dimensions de la santé [7]. Tandis que **les index d'états de santé pondérés par les préférences** fournissent un score global d'état de santé généralement compris entre 0 (la mort ou l'état de parfaite santé) et 1 (l'état de parfaite santé ou la mort) sur une échelle d'intervalle ou une échelle de proportionnalité. Ces derniers constituent les instruments de référence pour la mesure de la qualité de vie.

Tableau I: Dimensions de la santé décrites par quatre instruments de mesure de la qualité de vie adapté de Sadana, 2002 [27]

NHP	HUI-III 95	EQ-6D	QWB
Tonus	*	Activités courantes physiques	Activités physiques
Mobilité/forme	Marche	Mobilité	Mobilité/forme
Douleur/gêne	Douleur/gêne	Douleur/gêne	*
*	*	Autonomie	*
Isolement social	*	*	Activités sociales
Etat psychologique	Etat psychologique	Anxiété/dépression	*
Sommeil/repos	*	*	*
*	Mémoire/ capacité à réfléchir	*	*
Handicap	Vue	*	*
*	Ouïe	*	*
*	Elocution	*	*
*	Dextérité	*	*

NHP : Nottingham Health Profile, HUI-III : Health Utilities Index Mark III, QWB: Quality of Well-Being Scale, EQ-6D: EuroQol 6 Domain Quality of Life Scale

Les index d'états de santé pondérés par les préférences mesurent la qualité de vie des individus vivant dans un état de santé donné en deux étapes : une première étape qui consiste à **décrire l'état de santé** étudié selon différents niveaux de dimensions et une deuxième étape qui permet d'**attribuer un score global à cet état de santé**. Ce score est estimé par une fonction de pondération. Cette fonction est construite à partir d'une ou plusieurs méthodes de révélation des préférences des individus telles que : les échelles visuelles analogiques et autres variantes (*visual analog scale*), le pari standard (*standard gamble*), l'arbitrage temporel (*time trade-off*), l'arbitrage interindividuel (*person trade-off*) et l'estimation de l'amplitude (*magnitude estimation*). Les trois premières méthodes fournissent des valeurs relatives (ou ratios) de préférences des états de santé sur une échelle d'intervalle [7]. Alors que les deux dernières méthodes fournissent des valeurs absolues traduisant l'intensité absolue de préférence des états de santé [7].

La méthode d'échelle visuelle analogique consiste à demander aux individus de positionner un ou plusieurs états de santé sur une échelle ayant pour borne le meilleur état (parfaite santé) et le pire (la mort). Pour obtenir une échelle d'intervalle, les individus doivent placer les états de santé de telle sorte que la distance entre les états de santé correspondent à la différence relative de préférence entre les états de santé. Ainsi si la différence entre A et B est deux fois plus grande que la différence entre C et D, alors, la distance entre A et B doit être deux fois plus grande que la distance entre C et D [28].

Pour certains économistes, **la méthode de pari standard** *(standard gamble)* constitue la méthode de référence pour la révélation des préférences car elle est basée sur la théorie économique de l'utilité espérée [7]. Elle consiste à demander aux individus de choisir entre vivre dans un état de santé avec certitude pendant un temps t **ou** accepter une loterie où ils ont une probabilité p de guérir complètement et de vivre t années en parfaite santé et une probabilité 1-p de mourir immédiatement [28].

La méthode d'arbitrage temporel *(time trade-off)* permet de déterminer combien de temps dans un état de santé un individu serait prêt à sacrifier pour vivre (moins longtemps) dans un état de parfaite santé. L'individu interrogé doit choisir entre deux options : (1) vivre dans un état de santé donné pendant la durée t puis mourir ou (2) vivre en parfaite santé pendant une durée x inférieure à t puis mourir [28].

La méthode d'estimation de l'amplitude *(magnitude estimation)* consiste à demander aux individus d'indiquer par un chiffre combien de fois mieux ou moins il préfère un état de santé par rapport à un état de santé de référence [7].

Enfin, **la méthode d'arbitrage interindividuel** (*person trade off*) demande aux individus de choisir entre un certain nombre d'individus dans un état de santé et un autre nombre d'individus dans un état de santé de référence [7].

Pour illustrer les index d'état de santé pondérés par les préférences, le tableau II présente le questionnaire utilisé dans la description de l'état de santé par un instrument de mesure de la qualité de vie : EuroQol. Et le tableau III détaille sa formule de calcul des scores, ainsi qu'un exemple de calcul pour un état de santé donné.

Cet instrument comporte cinq dimensions de la santé avec 3 niveaux pour chaque dimension. Il permet de décrire 243 états de santé (tableau II). La fonction de pondération permettant de calculer le score global de chaque état est construite par une méthode d'arbitrage temporel (tableau III). Elle consiste à soustraire du score d'un état de parfaite santé (1) les coefficients des niveaux de chaque dimension, le coefficient du niveau 1 étant égal à 0.

2.4. DALYs

2.4.1. Objectifs

L'indice DALYs a été développé par la Banque Mondiale au début des années 1990, avec pour objectif de (1) comparer l'impact des pathologies sur la santé d'une population et (2) d'évaluer les résultats des actions de santé. Il a été présenté comme étant un outil pertinent pour éclairer le choix des priorités en santé publique et optimiser l'allocation des ressources [29].

2.4.2. Méthodes

Le DALY (Disability-Adjusted Life Year) est un indice composite qui représente la perte de santé due à une pathologie ou un traumatisme, en unité de temps (équivalent d'années de vie en parfaite santé). Pour une pathologie donnée, il peut être estimé par catégories d'âge et de sexe et selon la formule simplifiée suivante [30] :

DALYs = YLLs + YLDs

dans laquelle YLLs (Years of life Lost) représente le nombre d'années de vie en parfaite santé perdues par mortalité prématurée et YLDs (Years Lost due to Disability) représente le nombre d'années de vie en parfaite santé perdues du fait de la morbidité.

Tableau II : Description d'un état de santé par l'instrument EuroQol*, adapté de Drummond, 1998 [28]

Mobilité
1. Je n'ai aucun problème pour me déplacer à pied
2. J'ai des problèmes pour me déplacer à pied
3. Je suis obligé(e) de rester alité(e)

Autonomie de la personne
1. Je n'ai aucun problème pour prendre soin de moi
2. J'ai des problèmes pour me laver ou m'habiller tout(e) seul(e)
3. Je suis incapable de me laver ou de m'habiller tout(e) seul(e)

Activités courantes
1. Je n'ai aucun problème pour accomplir mes activités courantes
(e.g. travail, études, travaux domestiques, activités familiales ou loisirs)
2. J'ai des problèmes pour accomplir mes activités courantes
3. Je suis incapable d'accomplir mes activités courantes

Douleurs/gêne
1. Je n'ai ni douleurs ni gêne
2. J'ai des douleurs ou une gêne modérées
3. J'ai des douleurs ou une gêne extrêmes

Anxiété/dépression
1. Je ne suis ni anxieux(se) ni déprimé(e)
2. Je suis modérément anxieux(se) ou déprimé(e)
3. Je suis extrêmement anxieux(se) ou déprimé(e)

* Version française : Institut de Recherche MAPI, Lyon, France, 1994.

Tableau III : Formule de scorage de l'EuroQol, adapté de Drummond, 1998 [28]

Coefficients (arbitrage temporel)	
Dimension	**Coefficient**
Constante	0.081
Mobilité	
Niveau 2	0.069
Niveau 3	0.314
Autonomie de la personne	
Niveau 2	0.104
Niveau 3	0.214
Activités courantes	
Niveau 2	0.036
Niveau 3	0.094
Douleurs/Gêne	
Niveau 2	0.123
Niveau 3	0.386
Anxiété/ Dépression	
Niveau 2	0.071
Niveau 3	0.236
N3	0.269
(ce terme est utilisé si au moins une dimension est au niveau 3)	

Exemple de calcul du score d'un état de santé : état 11223

Parfaite santé	1.000
Constante (pour tout dysfonctionnement)	-0.081
Mobilité (niveau 1)	-0
Autonomie de la personne (niveau 1)	-0
Activités courantes (niveau 2)	-0.036
Douleurs/gêne (niveau 2)	-0.123
Anxiété/dépression (niveau 3)	-0.236
N3	-0.269

Le score estimé pour l'état 11223 est donc de : **0.255**

Dans l'estimation des composantes YLLs et YLDs, un taux d'actualisation peut être introduit, pour traduire la préférence des individus entre une année de vie en parfaite santé dans le présent et une année de vie en parfaite santé dans le futur.

La figure 2 illustre l'effet de l'application d'un taux d'actualisation sur la valeur des années futures de vie en parfaite santé perdues. Par exemple, un taux d'actualisation de 3% aura pour effet de valoriser une année de vie dans 20 ans à la moitié d'une année de vie dans l'immédiat.

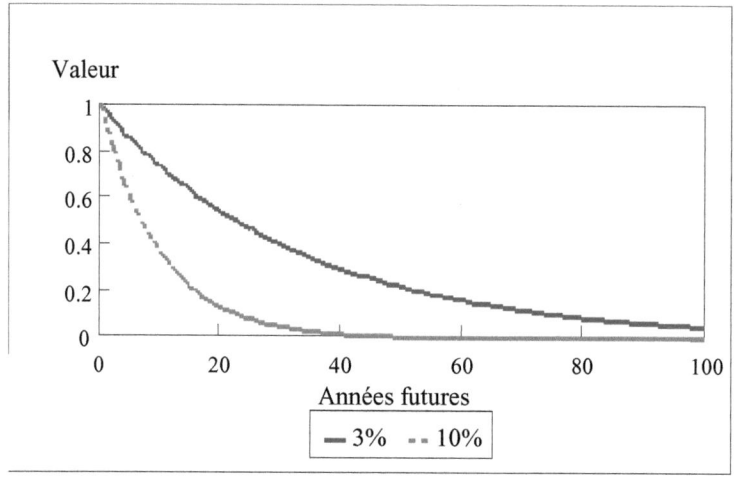

Figure 2 : Effet du taux d'actualisation sur la valeur d'une année de vie à différentes périodes de temps futur , extrait de WHO, 2001 [30]

Murray CJL [29] recommandent également d'introduire un facteur de pondération des années de vie en fonction de l'âge. Ce facteur attribue une valeur différente à une année vécue dans un état de santé selon l'âge de l'individu. Il serait justifié par un certain nombre d'études empiriques qui auraient mis en évidence l'existence d'une préférence sociale pour les années de vie vécues à un jeune âge par rapport à celles vécues dans les âges extrêmes de la vie [23].

Ce facteur est estimé par une fonction exponentielle de la forme : $Cxe^{-\beta^{*}x}$. Cette fonction a été définie par une méthode Delphi à partir d'un groupe d'experts. La variable C est une constante d'ajustement qui permet de s'assurer que la valeur totale des DALYs pour une pathologie, reste inchangée, même si celle-ci varie selon les catégories d'âge. La variable x correspond à l'âge. Et la variable β traduit l'importance de la pondération.

La figure 3 illustre la fonction de pondération. Celle-ci accorde une plus grande valeur à la vie de personnes en âge de travailler par rapport à la vie de personnes d'un âge extrême. Elle est très controversée car elle soulève un problème d'équité intergénérationnelle [24].

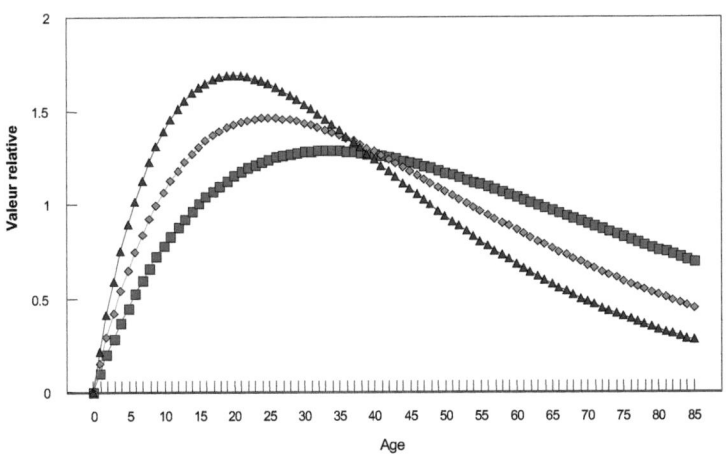

Figure 3 : Valeur relative d'une année de vie selon l'âge et selon la valeur de β, extrait de WHO, 2001[30]

En pratique, l'estimation de l'indice DALYs pour une pathologie consiste à calculer les composantes YLLs et YLDs pour chaque catégorie d'âge et à les additionner.

2.4.2.1. Estimation de la composante mortalité prématurée YLLs

La mortalité prématurée liée à une pathologie est calculée par la méthode d'espérance d'années de vie perdues standardisée dite SEYLL (Standard Expected Years of Life

Lost) [30]. Cette méthode consiste à évaluer l'écart entre le nombre total d'années de vie en santé parfaite espérées et le nombre total d'années de vie en santé parfaite vécues dans une population.

La formule simplifiée sans taux d'actualisation ni pondération d'âge est la suivante :

YLL = N * L

Où N est le nombre de décès dans une catégorie d'âge et L l'espérance de vie à l'âge moyen de décès. La composante YLL est estimée pour des catégories d'âge d'intervalle de 5 ans (hormis pour le groupe des 0 à 1 an). Pour chaque catégorie d'âge, le nombre de décès dus à la pathologie étudiée est estimé. Puis on calcule l'âge moyen de décès, soit à partir des données, soit en prenant par hypothèse le milieu de l'intervalle (sauf pour le groupe 0-1, où il est de 0,1 pour les pays à faible taux de mortalité, et de 0.3 pour les pays à fort taux de mortalité).

L'étape suivante consiste à définir l'espérance d'année de vie en santé parfaite à l'âge moyen de décès sur la base de l'idéal de longévité en santé parfaite choisie pour une population donnée. Cette espérance de vie est obtenue à partir de la « table de mortalité Ouest », qui fournit l'espérance d'années de vie en parfaite santé pour chaque âge dans une population de structure d'âge européenne. Cette table de mortalité hypothétique utilise l'espérance de vie à la naissance la plus longue connue : il s'agit de celle des femmes au Japon, 82,5 années. Pour les hommes, une espérance de vie à la naissance de 80 ans a été adoptée, bien qu'aucun pays n'ait une valeur aussi importante. Elle a été choisie à partir de l'hypothèse suivante : sur les 7,2 années de différence d'espérance de vie observée en moyenne entre hommes et femmes, seules 2 à 3 années sont dues à des facteurs biologiques, le reste étant expliqué par des différences de comportement à risque, de professions, *etc.*. [2].

2.4.2.2. Estimation de la composante morbidité YLDs

L'évaluation de la perte de santé d'une population liée à la morbidité d'une pathologie consiste ici en une transformation du nombre d'années de vie vécues dans un état d'invalidité en nombre d'années de vie en parfaite santé perdues. Cette transformation nécessite d'attribuer aux différents états de santé une valeur relative par rapport à l'état de parfaite santé. Cette valeur appelée score d'invalidité traduit la perte de qualité de vie associée à un état d'invalidité particulier. Par hypothèse, le score d'invalidité associée à un stade d'une pathologie ou à une pathologie est indépendant de la durée d'invalidité de cet état. Cela revient à considérer par exemple qu'un individu attribue la même valeur associée à une immobilisation dans un lit quelque soit la durée d'immobilisation.

La composante YLDs pour une pathologie et une catégorie d'âge peut donc être estimée par la formule simplifiée suivante (sans taux d'actualisation ni de pondération d'âge):

$$YLD = F * DW * L$$

F correspond à la fréquence d'un état d'invalidité ou d'une pathologie, DW est le score d'invalidité et L représente la durée d'invalidité.

L'indicateur épidémiologique recommandé par Murray [1994] pour traduire la fréquence de la pathologie est l'incidence, et ceci pour trois raisons : (1) cet indicateur est cohérent avec les données d'incidence utilisées pour estimer la composante de mortalité prématurée, (2) il est plus sensible que la prévalence à la tendance épidémiologique actuelle et reflète plus rapidement l'impact des actions de santé et (3) il impose une contrainte de cohérence interne des données et par conséquent une rigueur dans l'analyse des données [29].

L'estimation du score d'invalidité est la difficulté majeure du calcul des DALYs. Ce score traduit la perte de qualité de vie liée à un état de santé. Il est basé sur les préférences de la société entre les différents états de santé possibles et par rapport à l'idéal commun de santé parfaite. Il est compris entre 0 (santé parfaite, pas de perte de santé) et 1 (décès, perte totale de santé). Ainsi un score d'invalidité de 0.6 signifie que la société attribue à une année vécue dans cet état d'invalidité une valeur équivalente à 0.4 année de parfaite santé (soit 0.6 année de santé parfaite perdue). La méthode d'estimation de ce score est détaillée dans la section suivante. La durée d'invalidité associée à une pathologie est estimée par des experts..

2.4.2.3. Estimation du score d'invalidité

L'estimation de ce score et donc de la perte de qualité de vie associée à une pathologie nécessite quatre hypothèses : (1) il existe un ensemble de dimensions essentielles de la santé suffisante pour caractériser l'état de santé d'un individu ; (2) le score d'invalidité peut être mesuré par révélation des préférences des individus par rapport à différents états d'invalidité ; (3) les préférences des individus par rapport au temps vécu dans ces différents états de santé peuvent être représentées par des variables d'intervalles comprises sur une échelle de 0 à 1 et (4) le score d'invalidité d'un état de santé est universel et ne varie pas dans le temps [30,31]. Les différentes méthodes de révélation de préférences utilisables pour estimer ce score d'invalidité ont été détaillées dans la section 2.3. La méthode utilisée par l'OMS pour estimer ce score d'invalidité en 1990 ainsi que celle proposée actuellement sont présentées ci-dessous. A noter que la plupart des scores d'invalidité utilisés pour l'étude de l'impact sanitaire des pathologies en 2000 correspondent à ceux de 1990 [32].

❖ Méthode d'estimation du score d'invalidité (1990)

Dans l'étude de l'impact sanitaire des pathologies en 1990, les scores d'invalidité ont été déterminés sur la base des préférences d'experts, censés représenter les préférences de la société [29]. La description des états de santé a consisté en la répartition des états de santé dans six classes d'invalidité croissante. Ces classes ont été définies entre l'état de santé parfaite et la mort, chacune représentant un degré progressif de perte de qualité de vie (tableau IV).

La perte de qualité de vie a été décrite selon la capacité à exercer une profession et à réaliser des activités de la vie courante (préparer le repas, faire les courses, faire le ménage, manger, faire sa toilette) et des activités de loisirs, d'éducation et de procréation. Cette capacité a été qualifiée de « limitée » lorsqu'elle correspondait à une réduction d'au moins 50% de la capacité à réaliser une activité. Pour chaque pathologie, différents stades de sévérité de la pathologie et de leurs séquelles ont été définis par des experts du domaine [33]. Ensuite pour chaque stade de sévérité ou séquelle, la distribution des individus à travers les différentes classes d'invalidité a été estimée puis validée par un groupe d'expert indépendant. Le tableau V illustre cette méthode pour le cas de la méningite. Trois stades de sévérité y sont décrits: le stade aiguë, le retard mental et la surdité. Ainsi sur 100 individus d'âge compris entre 15 et 44 ans et souffrant d'une méningite aiguë (cas incident) en 1990, 50 individus étaient en classe 4, 35 en classe 5 et 15 en classe 6 d'invalidité.

Tableau IV : Définition des classes d'invalidité, extrait de Murray, 1994 [29]

	Description	Coefficient
Classe 1	Capacité limitée à réaliser au moins une activité dans un des domaines suivants : loisirs, éducation, procréation, exercice d'une profession	**0.096**
Classe 2	Capacité limitée à réaliser la plupart des activités dans un des domaines suivants : loisirs, éducation, procréation, exercice d'une profession	**0.220**
Classe 3	Capacité limitée à réaliser des activités dans deux ou plus des domaines suivants : loisirs, éducation, procréation, exercice d'une profession	**0.400**
Classe 4	Capacité limitée à réaliser la plupart des activités dans tous les domaines suivants : loisirs, éducation, procréation, exercice d'une profession	**0.600**
Classe 5	Besoin d'assistance pour des activités instrumentales de la vie courante telles que : préparer un repas, faire les courses ou le ménage	**0.810**
Classe 6	Besoin d'assistance pour des activités de la vie courante telles que : manger, faire sa toilette	**0.920**

Une fois cette étape de description réalisée pour une centaine de pathologies et séquelles de pathologies, l'étape suivante a consisté à attribuer des scores d'invalidité à chaque classe d'invalidité. Cette étape a été réalisée par révélation des préférences d'un groupe d'experts indépendants, n'ayant pas été impliqués dans l'estimation de l'incidence, de la durée ou de la mortalité associée à une pathologie [29]. Ces experts disposaient pour cela de la définition des différentes classes d'invalidité ainsi que de la liste des pathologies et séquelles invalidantes appartenant à chaque classe.

Tableau V :   Distribution en 1990 des cas incidents de méningite par stades et classe d'invalidité dans la population masculine d'Amérique Latine et des Caraïbes, adapté de Murray et *al*, 1994 [33]

Stades ou séquelles de méningite	Catégories d'âge (années)	Proportion de cas incidents développant ce stade ou cette séquelle	Répartition par classe d'invalidité des cas incidents de ce stade ou de cette séquelle					
			1	2	3	4	5	6
Aiguë	0-4	100	0	0	0	50	35	15
	5-14	100	0	0	0	50	35	15
	15-44	100	0	0	0	50	35	15
	45-59	100	0	0	0	50	35	15
	60+	100	0	0	0	50	35	15
Retard mental	0-4	8	0	50	50	0	0	0
	5-14	8	0	50	50	0	0	0
	15-44	8	0	50	50	0	0	0
	45-59	8	0	50	50	0	0	0
	60+	8	0	50	50	0	0	0
Surdité	0-4	2	0	0	100	0	0	0
	5-14	2	0	0	100	0	0	0
	15-44	2	0	0	100	0	0	0
	45-59	2	0	0	100	0	0	0
	60+	2	0	0	100	0	0	0

La méthode de révélation des préférences utilisée était la méthode d'estimation de l'amplitude (magnitude estimation). Elle consistait à demander à ces experts d'attribuer à chaque classe une valeur comprise entre 0 et 1 et traduisant le ratio de préférence à l'égard des états extrêmes (0 pour la parfaite santé, et 1 pour la mort) [29]. Le score d'invalidité attribué à chaque classe correspondait donc à la moyenne des ratios donnés par les experts. Enfin le score d'invalidité d'une pathologie ou d'une séquelle invalidante était estimé à partir de la distribution des individus se trouvant dans les différentes classes d'invalidité de cette pathologie ou de cette séquelle.

❖ Méthode proposée actuellement par l'OMS

Cette nouvelle méthode peut être décomposée en deux étapes. La première étape consiste à décrire à partir d'un instrument standard des états de santé correspondant à

32

des stades de pathologies ou à des séquelles invalidantes de pathologies. La deuxième étape a pour objectif de construire une fonction de pondération permettant d'attribuer à chaque état de santé décrit un score d'invalidité.

La conception d'un instrument standard de description nécessite le choix des dimensions essentielles de la santé que l'on va mesurer. Les chercheurs de l'OMS ont donc procédé à une revue de la littérature des instruments existants et des dimensions de la santé mesurées par ces instruments. Ils ont ainsi identifiés trois types de dimensions [11] (figure 4):

- les dimensions de la santé dont l'importance fait l'objet d'un consensus (en gras sur la figure 4),
- les dimensions de la santé dont la mesure n'apporteraient pas d'information supplémentaire par rapport à la catégorie précédente,
- les dimensions liées à la santé, dont la mesure fournit une bonne approximation de la mesure de la santé.

Puis ils ont définis 7 dimensions essentielles de la santé : la mobilité, le soin personnel, la participation aux activités courantes, la douleur et la gêne, l'anxiété et la dépression, les capacités cognitives et la participation sociale [30]. Le questionnaire de l'instrument standard obtenu n'a pas encore été publié et est toujours en cours de validation.

La deuxième étape consiste à déterminer la forme d'une fonction de pondération permettant d'attribuer un score d'invalidité à un état de santé décrit comme une combinaison de niveaux de dimensions. Pour cela, 11 états de santé servant de repères doivent d'abord être évalués sur une échelle de qualité de vie de 0 à 1 par un protocole multi-méthode.

En pratique, en raison de la complexité du processus cognitif nécessaire pour appliquer certaines méthodes de révélation des préférences, il est recommandé de réaliser ce protocole sur un échantillon d'individus de niveau d'éducation élevé [30]. Ces individus doivent décrire les 11 états de santé « repères » selon l'instrument standard, puis les classer par ordre de préférence et enfin les évaluer par échelle visuelle analogique. Ensuite ces même états de santé doivent être évalués successivement par d'autres méthodes de révélation de préférences : l'arbitrage temporel (time trade-off), le pari standard (standard gamble) et l'arbitrage interindividuel (person trade off). Les individus doivent avoir la possibilité pendant un laps de temps de communiquer entre eux et de modifier leur évaluation. Enfin une fonction permettant d'estimer le score d'invalidité réel peut être obtenue par des techniques économétriques traduisant la relation entre le score d'invalidité réel et le score d'invalidité final obtenu par chacune des méthodes [30].

Ces 11 états de santé « repères » doivent également être évalués par échelle visuelle analogique sur un échantillon représentatif de la population générale, afin d'analyser les déterminants des variabilités interindividuelles dans les préférences révélées (catégories socioprofessionnelles, niveau d'éducation,...) [30]. Chaque individu de l'échantillon représentatif de la population générale, décrit alors à l'aide de l'instrument standard, les états de santé « repères », puis les classe par ordre de préférence. Ensuite les états de santé décrits peuvent être évalués par une technique d'échelle visuelle analogique, qui consiste essentiellement à demander à l'individu de positionner les états de santé sur une échelle de 0 à 100. Enfin, les scores obtenus peuvent être traduits en score d'invalidité « réel » sur une échelle d'intervalle entre 0 et 1 grâce à la fonction déterminée par la méthode multi protocole [30].

En définitive, cette méthode permet de décrire l'ensemble des états de santé correspondants aux différents stades de pathologie ou séquelles puis d'estimer à partir de la formule déterminée par le protocole multi-méthode, leurs scores d'invalidité.

2.4.2.4. Calcul des DALYs

Le calcul final du total des DALYs pour une pathologie consiste à additionner l'ensemble des valeurs des composantes YLLs et YLDs obtenues pour chaque catégorie d'âge.

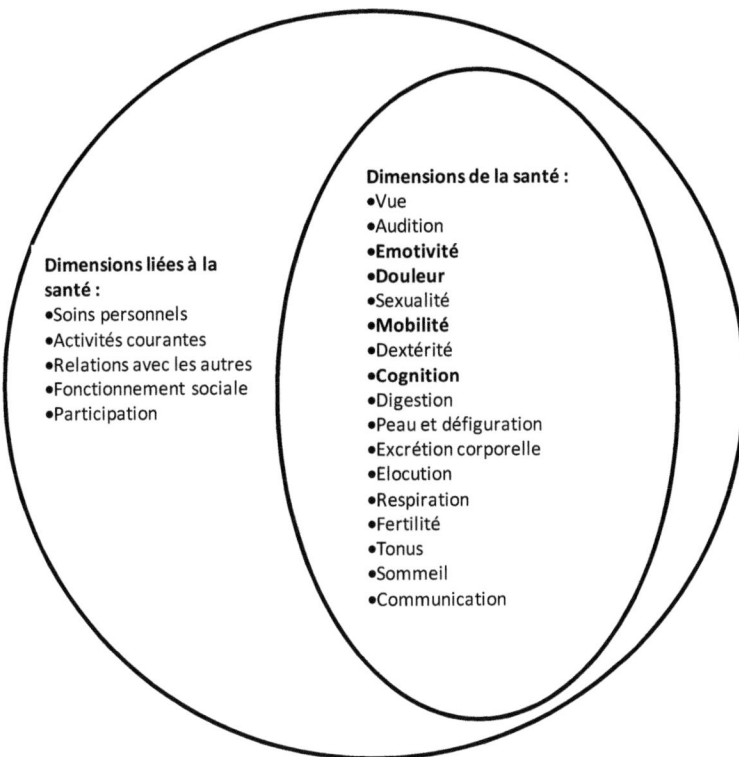

Figure 4 : Dimensions de la santé , adapté de Chatterji et *al*, 2002 [11]

2.4.3. Exemples d'application

L'indice DALYs permet de comparer l'impact sanitaire des pathologies. Depuis 2000 il est estimé annuellement par l'OMS pour une centaine de pathologies et traumatismes. Dans le tableau VI figurent les 10 premières causes de mortalité (YLLs) dans le monde en 2000, dans le tableau VII les 10 premières causes de morbidité (YLDs) dans le monde en 2000 , et dans le tableau VIII les 10 premières causes de DALYs dans le monde en 2000.

On peut constater que les neuf premières causes de mortalité figurent dans les dix premières de DALYs, alors que deux causes de morbidité y figurent. Ceci illustre le poids important accordé à la composante mortalité par la formule de calcul des DALYs.

Tableau VI : les 10 premières causes de mortalité en 2000, extrait de Mathers et *al*, 2002[32]

Monde		% total YLLs
1	Cardiopathies ischémiques	12.6%
2	Infections respiratoires basses	11.1%
3	Maladies cérébrovasculaires	9.6%
4	Bronchopneumopathie chronique obstructive	4.7%
5	VIH/SIDA	4.6%
6	Périnatalité	4.5%
7	Maladies diarrhéennes	3.6%
8	Tuberculose	2.9%
9	Accidents de circulation	2.2%
10	Cancers poumons, bronches, trachée	2.1%

Tableau VII : les 10 premières causes de morbidité en 2000, extrait de Mathers et al, 2002[32]

Monde		% total YLD
1	Troubles dépressifs unipolaires	12.1%
2	Baisse de l'audition à l'âge adulte	4.7%
3	Troubles alcooliques	3.4%
4	Arthrose périphérique	3.0%
5	Schizophrénie	2.9%
6	Périnatalité	2.8%
7	Troubles mentaux bipolaires	2.5%
8	Bronchopneumopathie chronique obstructive	2.4%
9	Anomalies congénitales	2.1%
10	Asthme	2.1%

Tableau VIII : les 10 premières causes de DALYs en 2000, extrait de Mathers et *al*, 2002[32]

		% total DALYs
Monde		
1	Périnatalité	6.8%
2	Infections respiratoires basses	6.3%
3	VIH/SIDA	5.5%
4	Troubles dépressifs unipolaires	4.5%
5	Maladies diarrhéennes	4.4%
6	Cardiopathies ischémiques	4.0%
7	Maladies cérébrovasculaires	3.1%
8	Paludisme	2.9%
9	Accidents de la circulation	2.6%
10	Tuberculose	2.4%

2.5. HeaLYs

2.5.1. Objectifs

L'indice HeaLYs a été développé au début des années 1980 pour quantifier l'impact sanitaire des pathologies dans les pays en développement. Il était destiné à guider le choix des priorités de santé publique par les autorités de santé.

2.5.2. Méthodes

L'indice HeaLYs mesure le nombre d'années de vie en parfaite santé perdues au sein d'une population à cause d'une pathologie donnée. La méthode d'estimation de cet indice consiste à additionner deux composantes : la mortalité prématurée et la morbidité associée à une pathologie [3]. Cependant, elle diffère légèrement de celle des DALYs, en particulier au niveau de l'estimation de la composante de mortalité prématurée. Aucune pondération d'âge n'a été introduite dans l'estimation des composantes. Par contre, un taux d'actualisation annuel de 3% a été appliqué.

- Estimation de la composante mortalité prématurée (MP)

Pour calculer le nombre d'années de vie en parfaite santé perdues par mortalité prématurée, la formule utilisée est la suivante : $MP = I * CFR * [E(Ao) - (Af-Ao)]$

I est l'incidence de la pathologie, CFR représente la létalité de la pathologie (taux de patients décédés), E(Ao) est l'espérance de vie au début de la maladie, Af est l'âge moyen de décès et Ao l'âge moyen de début de la pathologie [3].

La différence entre Ao et Af est une estimation de la durée de la pathologie. Le nombre d'années de vie perdues est donc estimé sur la base de la différence entre l'espérance de vie au début de la maladie et le nombre d'années vécues avant de décéder suite à cette pathologie. La méthode d'estimation de cette composante pour l'indice DALYs, en revanche, ne tient pas compte de la durée de la pathologie et ne prend en compte l'espérance de vie qu'au moment du décès.

- Estimation de la composante morbidité (MB)

La formule utilisée pour calculer cette composante est: $MB = I * CDR * De * Dt$

I est l'incidence de la pathologie, CDR est la proportion de patients dans un état d'invalidité, De est le score d'invalidité et Dt, la durée moyenne d'invalidité [3]. Le score d'invalidité est estimé à partir d'opinion d'experts par une méthode qui n'a pas été précisément décrite. Il est compris entre 0 (en absence d'invalidité) et 1 (état d'invalidité équivalent à la mort) .

2.5.3. Exemples d'application

L'indice HeaLYs a été estimé en 1990 pour une quarantaine de pathologies au Ghana. Dans le tableau IX figurent les 15 premières causes de HeaLYs au Ghana en 1990.

Tableau IX: les 15 premières causes de HeaLYs au Ghana en 1990, adapté de Hyder, 1998 [3]

	Pathologies	HeaLYs perdues	% total HeaLYs
1	Paludisme	47.81	8.03
2	Rougeole	37.35	6.28
3	Drépanocytose	35.82	6.02
4	Lésions post-natales	33.89	5.69
5	Prématurité	31.06	5.22
6	Tuberculose	30.16	5.07
7	Traumatismes	29.78	5.00
8	Infections respiratoires basses aiguës (enfant)	29.36	4.93
9	Malnutrition	27.69	4.65
10	Maladies cérébrovasculaires	26.28	4.42
11	VIH/ SIDA	25.35	...
12	Diarrhée sévère	23.82	4.00
13	Infections respiratoires basses aiguës (adulte)	19.07	3.20
14	Cirrhose	15.19	2.55
15	Cardiopathie hypertensive	14.54	2.44
	Sous-total	401.82	67.51
	Autres	193.39	32.49
	Total	595.21	100.00

3. Analyse Critique

Les indices DALYs et HeaLYs sont construits par agrégation d'indicateurs de santé (incidence, espérance de vie, etc…). Ainsi pour être opérationnels et crédibles, ils doivent au minimum satisfaire les critères généralement utilisés pour évaluer les indicateurs de santé à savoir : simplicité, validité et fiabilité [34].

3.1. Critères d'analyse

- **Simplicité**

La simplicité d'un indice correspond à sa facilité de compréhension, d'utilisation et d'interprétation [34]. Elle est généralement évaluée auprès de ses utilisateurs potentiels (les autorités de santé, les professionnels de santé, les médias, les patients, *etc…*).

- **Validité**

La validité d'un indice peut être définie comme son aptitude à refléter ce qu'il est censé mesurer, c'est à dire à fournir les repères nécessaires à l'appréciation de l'état ou de l'évolution du phénomène étudié [34]. Elle suppose l'absence d'erreurs aléatoires et de biais systématiques [7]. Ainsi elle dépend de la validité des indicateurs introduits dans le modèle d'estimation de l'indice et de la validité de la spécification du modèle d'agrégation traduisant les relations entre les indicateurs.

Dans cet ouvrage, trois méthodes de validation d'un indice de mesure sont considérées :

- l'évaluation de la pertinence de la teneur : la **validité de contenu**
- la comparaison à un étalon de référence incontesté : la **validité sur critère**
- la vérification de la cohérence de la construction de l'indice : **la validité de construction interne, externe et longitudinale.**

L'évaluation de la validité de contenu d'un indice consiste à évaluer son aptitude à décrire l'ensemble du phénomène étudié [7]. Elle dépend donc essentiellement de la définition du phénomène mais aussi des applications de l'indice attendues. Pour décrire un phénomène multidimensionnel aussi complexe que la santé, il est nécessaire de faire des compromis entre exhaustivité et simplicité de la mesure. **La validité sur critère d'un indice de santé ne peut pas être évaluée car il n' existe pas de « *gold standard* » pour la mesure de la santé.**

Quant à **la validité de construction, elle correspond à l'aptitude de l'indice à explorer le concept étudié dans toute sa diversité et sa cohérence** [7]. La validité de construction interne évalue la cohérence de l'indice dans la prise en compte du ou des différentes dimensions du phénomène étudié. La validité de construction externe, correspond au degré de conformité entre les propriétés de l'indice et les propriétés attendues [35]. Elle peut être étudiée par recherche d'association statistiques et de corrélations avec d'autres phénomènes. L'évaluation de la validité longitudinale correspond à la sensibilité de l'indice au changement c'est à dire à son aptitude à varier beaucoup et rapidement même pour de faibles variations du phénomène étudié [7].

- Fiabilité

La fiabilité d'un indice correspond à l'aptitude d'un indice à reproduire les mêmes résultats à partir d'observations d'un même phénomène. Elle est donc déterminée par l'importance de l'erreur aléatoire dans la mesure [35]. Elle dépend essentiellement de la fiabilité des indicateurs agrégés pour la construction de l'indice.

Il existe trois méthodes d'évaluation de la fiabilité : la cohérence interne, la fiabilité test-retest et la fiabilité inter-observateurs [7]. L'évaluation de la cohérence interne consiste à s'assurer que les résultats de mesure obtenus à partir de plusieurs phénomènes ne sont pas contradictoires par rapport aux connaissances dont on dispose sur ces phénomènes. La fiabilité test-retest, est définie par la capacité à produire le même résultat à partir de mesures successives dans le temps du même phénomène [35]. La fiabilité inter-observateur mesure le degré de similitude des résultats obtenus pour la mesure du même phénomène par différents observateurs [7].

3.2. Revue critique des indices HeaLYs et DALYs

3.2.1. Simplicité

Les indices HeaLYs et DALYs sont exprimés en unité de temps (années de vie en parfaite santé perdues), ce qui facilite leur compréhension et l'interprétation de leurs variations (sous réserve que l'indice soit validé). De plus le modèle d'agrégation consistant à additionner une composante de mortalité prématurée à une composante de morbidité est assez facile à comprendre et à utiliser. L'OMS a mis à la disposition des utilisateurs éventuels des feuilles de calcul Excell leur permettant d'estimer l'indice DALYs à partir des données disponibles.

Cependant, l'estimation des indices HeaLYs et DALYs nécessite un grand nombre de données épidémiologiques et de données de qualité de vie. Dans les pays développés, les données épidémiologiques sont le plus souvent disponibles, contrairement aux données de qualité de vie, pour lesquelles, il n'existe pas encore de méthode d'estimation de référence [4]. Dans les pays en développement, les deux types de données sont rares. Ainsi la principale difficulté dans l'utilisation des indices DALYs et HeaLYs réside dans l'obtention de données de bonne qualité.

3.2.2. Validité

Il n'existe pas de « gold standard » pour la mesure de la santé [17]. De ce fait, seuls deux critères de validité sur trois seront étudiés : la validité de contenu et la validité de construction. Cette analyse sera commune aux indices DALYs et HeaLYs, les différences conceptuelles et méthodologiques entre les deux indices étant assez faibles.

3.2.2.1. Validité de contenu

L'analyse de la validité de contenu nécessite une évaluation de l'adéquation des méthodes de construction des indices avec le concept de santé d'une population et avec les applications envisagées. Elle soulève les questions suivantes :

(1) Quelle est la pertinence des variables introduites dans le modèle ?

(2) Quelle est la validité théorique et empirique du modèle d'agrégation des indicateurs de santé de la population ?

(3) La méthode d'agrégation des états de santé des individus de la population est-elle acceptable d'un point de vue éthique et par rapport aux applications attendues ?

Question 1 : Pertinence des variables introduites dans le modèle ?

Les indicateurs introduits dans le modèle d'estimation des indices HeaLYs et DALYs reflètent la dimension mortelle et non mortelle de la santé d'une population. Ils prennent en compte la qualité de vie et la quantité de vie perdues. Mais ils impliquent des choix basés sur des jugements de valeurs, en particulier (1) la définition d'un idéal de parfaite santé et d'un objectif de longévité et (2) la définition des dimensions de la santé d'un individu. Les choix effectués pour estimer les indices DALYs et HeaLYs sont basés sur le principe qu'une population est composée d'individus qui partagent un certain nombre de valeurs communes [2], dont un idéal commun de santé parfaite et un objectif commun de longévité. Peu d'auteurs ayant critiqué ces indices remettent en cause ce principe. Par contre, le choix des variables a fait l'objet de nombreuses critiques.

Espérance de vie :

Certains auteurs ont critiqué le choix de l'objectif de longévité [24,26], indiquant qu'il devrait se baser sur l'espérance de vie réelle de la population étudiée, et non pas sur une espérance de vie hypothétique. Selon Anand et Hanson, l'utilisation d'une espérance de vie hypothétique plus élevée implique que les actions de santé seules peuvent permettre d'atteindre ces niveaux élevés d'espérance de vie alors qu'il y a d'autres déterminants de l'espérance de vie (notamment les revenus, l'hygiène et l'éducation) [26]. Or il s'agit ici d'indices de mesure de l'impact des pathologies et non pas des actions de santé. Le choix effectué implique donc plutôt que les pathologies sont responsables d'une réduction de l'espérance de vie « physiologique » des individus. La remarque de Anand et Hanson apparaît donc peu fondée d'autant plus que les déterminants cités (revenus, hygiène, éducation) n'ont qu'un effet indirect sur l'espérance de vie à travers leur effet sur la morbidité et la mortalité associées aux pathologies. De plus le calcul des années de vie perdues à partir de l'espérance de vie réelle ne tiendrait pas compte de l'impact actuel de certaines pathologies sur la réduction de la longévité « physiologique » de la population. Ainsi, il semble plus appropriée que les années de vie perdues soient calculées à partir de l'objectif de longévité que veut atteindre une population, à savoir intuitivement le maximum de longévité possible physiologiquement. Le choix d'un objectif correspondant au maximum de longévité dans le monde comme l'a fait l'OMS, apparaît donc justifié même s'il reste arbitraire.

Dans une revue critique des DALYs, Anand remet également en question le choix arbitraire de la différence d'espérance de vie entre les hommes et les femmes. Ce choix entraînerait une sous-estimation de l'impact sanitaire des pathologies sur les femmes. Cependant en pratique, il semble difficile d'estimer réellement la part de la différence de longévité entre hommes et femmes qui est uniquement d'origine physiologique. Une analyse de sensibilité pourrait permettre de vérifier l'effet du choix d'une différence d'espérance de vie donnée sur les résultats.

Score d'invalidité :

L'étape de description des états de santé, nécessaire pour estimer les scores d'invalidité, requiert une réduction du concept de qualité de vie à un ensemble de dimensions essentielles directement influençables par les actions de santé (mobilité, douleur, anxiété, *etc*…), ce qui introduit un biais systématique dans la mesure. Pour minimiser ce biais au maximum, le choix des dimensions est une étape critique qui doit tenir compte des applications envisagées de l'indice. Ainsi les dimensions choisies devraient correspondre à celle qui reflètent le mieux l'impact des pathologies sur le bien-être physique et psychologique des individus. Les dimensions essentielles proposées par l'OMS et issues d'un consensus entre professionnels de la santé semblent pertinentes. Cependant certains auteurs estiment que d'autres dimensions non liées aux actions de santé telle que les revenus, ou l'éducation devraient être également mesurées. Or le niveau de revenu ou l'éducation ne constituent pas des dimensions du concept de qualité de vie mais des déterminants de celui-ci. On retrouve encore ici, comme dans la définition donnée par certains auteurs une confusion entre dimensions ou attributs de la qualité de vie et déterminants de la qualité de vie. Ainsi, les dimensions mesurées doivent être conformes à la définition de la qualité de vie, et par conséquent réduites à celles ayant une expression physique (douleur, mobilité,…), psychologique (anxiété, dépression) ou comportementale (participation sociale) au niveau de l'individu.

Le choix de la méthode de révélation des préférences est également une étape critique de l'estimation des scores d'invalidité. La méthode utilisée en 1990 par l'OMS et basée sur les préférences d'experts a été largement critiquée principalement sur deux points : (1) les préférences des experts ne reflètent pas ceux de la population générale, ni ceux des patients [24,25] et (2) le processus délibératif utilisé en 1990 entraîne une perte d'informations sur la variabilité des préférences et donne un résultat dépendant des caractéristiques personnelles des experts (notamment de leur force de conviction et de persuasion) [25]. La méthode recommandée par l'OMS en 2000 est constitué d'un protocole de révélation des préférences en population générale. Cependant Lyttkens estime que ce sont les préférences des patients qui devraient être prises en compte car elles intègrent la capacité des individus à s'adapter à un état de santé donné. Ainsi la question concernant la population sur laquelle devrait être mesurées les préférences reste au cœur des débats scientifiques actuels sur les mesures de la qualité de vie. La méthode recommandée par l'OMS en 2000 a également été critiquée en raison de la technique de révélation des préférences qu'elle utilise :

l'arbitrage interindividuel (person trade-off). Cette technique reflète à la fois les préférences des individus par rapport aux états de santé et leur valeur d'équité interindividuelle [24,25]. Williams et Lyttkens considèrent que ces préférences devraient être mesurées séparément des valeurs éthiques des individus sur la distribution des biens de santé entre les individus. Ces remarques sont tout à fait pertinentes. Elles mettent en évidence les difficultés du développement d'une méthode de révélation des préférences collectives fiable et valide. Ainsi Duru et al ont montré par des données expérimentales, que les individus ne respectaient pas toujours l'axiome de rationalité, sur lesquelles sont basées les méthodes de révélation des préférences [40]. De ce fait, les résultats obtenus quelque soit la méthode utilisée peuvent être biaisés. Néanmoins si on se place du point de vue de la société, on peut faire l'hypothèse que la collectivité se comporte de manière rationnelle.

Variables oubliées ?

Certains auteurs [36,37,38,39] ont souligné la nécessité d'introduire un facteur de pondération d'équité pour tenir compte de la différence d'état de santé initial entre les individus, ceci afin d'éviter que les personnes souffrant d'une pathologie tout en ayant déjà un handicap non lié à cette pathologie ne soit pris en compte de la même manière que des personnes n'ayant pas un handicap initial. Cependant les indices DALYs et HeaLYs relèvent d'une approche populationnelle par pathologies et traumatismes. Celle-ci ne consiste pas à mesurer les états de santé des individus puis à les additionner, mais mesure l'impact de chaque pathologie sur la santé des individus de la population. Ainsi se pose en fait le problème de co-morbidité qui selon certains auteurs conduit à une surestimation des DALYs, étant donné que chez un individu souffrant de deux ou trois pathologies simultanément la part d'invalidité due à chacune des pathologies est difficilement estimable [26,2]. Cette question de co-morbidité peut avoir un effet assez important sur le résultat obtenu dans le cas où l'estimation du score d'invalidité est faite auprès des patients et non pas auprès de la population générale. En effet, l'estimation du score d'invalidité auprès de la population générale est basée sur des états de santé hypothétiques liés à une pathologie donnée. L'effet de la co-morbidité apparaît donc atténué dans ce cas.

Question 2 : Pertinence de la méthode d'agrégation des indicateurs de santé

Composante non mortelle de l'indice :
Le modèle multiplicatif utilisée pour estimer la composante non mortelle est inspiré de l'indice QALYs [2]. Sa validité dépend de celle de l'hypothèse d'indépendance en utilité entre durée d'invalidité et score d'invalidité lors de l'estimation des préférences individuelles. Or Duru et al, ont montré par des données empiriques que cette hypothèse n'était pas vérifiée [40]. En pratique, il paraît naturel que les individus attribuent une valeur à un couple état d'invalidité et durée, que cette durée soit explicite ou non [17]. De plus, ce modèle conduit à une forte sensibilité du résultat au score d'invalidité. Or les différentes méthodes de révélation des préférences ne fournissent pas des résultats identiques de score d'invalidité pour les mêmes états de santé. La convergence des résultats obtenus est encore en cours d'évaluation par certaines équipes de recherche [41]. Etant donné qu'il n'y a pas de méthode de référence pour l'estimation du score d'invalidité [2], un indice trop sensible à ce score peut produire des résultats erronés.

Composante mortelle de l'indice :
La mortalité prématurée est estimée par rapport à un idéal de longévité en santé parfaite, ce qui implique que les années de vie perdues vont diminuer avec l'âge. Ainsi l'impact d'une pathologie sur la mortalité prématurée sera d'autant plus importante qu'elle affecte des individus dans le jeune âge. Une comparaison de l'impact sanitaire des pathologies par catégories d'âge n'aurait pas de sens car elle ne reflète pas uniquement la différence de santé entre les individus mais aussi la différence de longévité entre les individus d'âges différents. Pour une application

comparant différents sous-groupes de la population, il sera nécessaire de s'assurer de la similitude de la structure d'âge entre les sous-groupes comparés.

Question 3 : Pertinence de la méthode d'agrégation des états de santé individuels

L'introduction d'un facteur de pondération selon l'âge est un des points ayant soulevé le plus de réactions dans la communauté scientifique. Si l'indice DALYs était utilisé pour l'allocation des ressources, il conduirait à choisir de privilégier les pathologies touchant les personnes en âge de travailler, au détriment des pathologies touchant les âges extrêmes. L'utilisation de ce facteur de pondération est basée sur une notion de rôle social qui considère que la mauvaise santé des individus en âge de travailler a une conséquence sur la santé de ceux qui en dépendent (les individus d'âge extrême). Lyttkens fait remarquer à juste titre que cette notion devrait également conduire à valoriser différemment les années de vie perdues selon les catégories professionnelles, des catégories tels que les médecins et les infirmiers ayant des valeurs supérieures [25].

3.2.2.2. Validité de construction

Les indices DALYs et HeaLYs reflètent la morbidité d'une pathologie et son impact sur la mortalité prématurée de la population (*cf* section 2). Ainsi ces indices devraient s'améliorer chaque fois qu'un indicateur de mortalité prématurée ou de morbidité d'une pathologie s'améliore, toutes choses étant égales par ailleurs. L'OMS a définit ainsi cinq critères de validité de la construction externe et longitudinale des indices composites de mesure d'impact sanitaire [42]:
(1) si le nombre de décès associée à une pathologie diminue dans une catégorie d'âge, toutes choses étant égales par ailleurs, alors l'indice devrait s'améliorer,
(2) si l'incidence d'une pathologie diminue dans une catégorie d'âge, toutes choses étant égales par ailleurs, alors l'indice devrait s'améliorer,

(3) si la prévalence d'une pathologie diminue dans une catégorie d'âge, toutes choses étant égales par ailleurs, alors l'indice devrait s'améliorer,

(4) si le score d'invalidité associée à une pathologie diminue dans une catégorie d'âge, toutes choses étant égales par ailleurs, alors l'indice devrait s'améliorer,

(5) si le taux de rémission augmente dans une catégorie d'âge, toutes choses étant égales par ailleurs, l'indice devrait s'améliorer.

La construction de l'indice DALYs vérifie les critères 1, 2,4 et 5 [42]. Celle de l'indice HeaLYs étant similaire, elle devrait vérifier également ces critères.

La validité de construction interne repose essentiellement sur la pertinence des variables choisies, discutée précédemment.

3.2.3. Fiabilité

La fiabilité d'un indice dépend essentiellement de la reproductibilité des indicateurs introduits dans le modèle. La reproductibilité des méthodes d'évaluation des indicateurs épidémiologiques traditionnels (*e.g.* espérance de vie, causes de décès) repose essentiellement sur la qualité des données. Pour les méthodes d'évaluation de la qualité de vie liée à la santé, elle dépend du protocole utilisé (questionnaire, fonction de pondération) et de la population étudiée (patients, professionnels de santé, population générale, *etc...*Or l'estimation de la composante morbidité de ces indices est basée sur une hypothèse de stabilité temporel du score d'invalidité des états de santé (*cf* paragraphe 2.4.2.3). Cette hypothèse impose une vérification de la reproductibilité temporel des méthodes utilisées. La reproductibilité inter-observateur de la méthode multi-protocole proposée actuellement par l'OMS pour l'estimation de la composante YLDs des DALYs, est en cours d'évaluation. Des résultats préliminaires ont montré une forte corrélation entre les neuf groupes de participants au niveau du classement ordinal simple (i.e. par ordre de préférences) et au niveau des valeurs cardinales obtenues. Pour l'indice HeaLYs, de telles études de fiabilité ne sont pas disponibles.

En résumé, les indices DALYs et HeaLYs ont pour principal avantage d'être exprimé en unité de temps, ce qui facilite leur compréhension. Cependant, ils présentent un certain nombre de faiblesses conceptuelles et méthodologiques :

(1) la faible robustesse du modèle multiplicatif utilisé basé de surcroît sur une hypothèse assez fragile d'indépendance entre durée d'invalidité et score d'invalidité,

(2) l'introduction très controversée d'un facteur de pondération de la valeur de la vie en fonction de l'âge, et enfin

(3) une surestimation potentielle des valeurs obtenues du fait de la co-morbidité.

Partie II : Développement d'un nouvel indice composite de mesure de l'impact sanitaire des pathologies: MIMIC-BDI

1. Méthodes

La méthode développée pour la construction de l'indice MIMIC-BDI est une application d'un modèle de type MIMIC (MultIple Indicators Multiple Causes) [43] à la mesure de l'impact sanitaire des pathologies. Ce type de modèle a été étudié auparavant par plusieurs auteurs pour la mesure de l'état de santé au niveau d'un individu ou d'une population [44,45,46,47]. Cette étude s'intéresse à la structure et aux propriétés numériques de ce type de modèle car elles semblaient adaptées à la construction d'un indice de meilleure robustesse que les indices existants.

1.1. Présentation du modèle MIMIC

1.1.1. Bases théoriques

Le modèle MIMIC est un outil économétrique permettant d'estimer une variable non mesurable à partir des relations de cette variable avec ses déterminants et ses conséquences observables. Appliqué à la mesure de l'état de santé, il est basé sur le concept que la santé constitue le lien inobservable entre les déterminants de santé et les indicateurs de santé [48,49]. Ce concept admet également l'existence d'un ordre dans les différents états de santé. Ainsi l'indice d'état de santé construit à partir du modèle MIMIC permet de classer les différents états de santé.

Dans ce modèle, l'état de santé est représenté par une variable latente (*i.e.* variable non mesurable) elle-même influencée par des variables observables : les déterminants de santé (*e.g.* hygiène, offre de soins, éducation, revenu). Cette variable latente influence des variables mesurables : les indicateurs de santé (*e.g.* espérance de vie, consommation de soins). Et ces indicateurs de santé sont également influencés directement par d'autres variables (par exemple certains déterminants de santé).

1.1.2. Spécification et identification du modèle

La spécification du modèle consiste à choisir les variables et à écrire les équations traduisant les liens des variables entre elles. Le schéma général décrivant la structure du modèle MIMIC appliqué à la mesure de l'état de santé est donné par la figure 5. L'état de santé de la population est représenté par une variable latente MIMIC-HSI (Multiple Indicators MultIple Causes- Health Status Index). Il est influencé par les variables « déterminants de la santé » (DET$_1$, DET$_2$, DET$_3$, DET$_4$). Les variables « indicateurs de santé » (IND$_1$, IND$_2$) sont influencés par l'état de santé de la population (MIMIC-HSI). Ils peuvent être également influencés directement par certaines variables « déterminants de la santé » et par d'autres variables explicatives telle que l'offre de soins par exemple (VAREX). Les variables à introduire dans le modèle sont choisies sur une base théorique et empirique. Leur nombre n'est pas limité mais il est nécessaire d'introduire au moins deux indicateurs de santé.

L'identification du modèle consiste en la résolution des équations et à l'estimation de l'indice d'état de santé. Cette identification nécessite un choix arbitraire de l'unité de mesure et du point origine. Cependant les propriétés numériques du modèle MIMIC permettent une indépendance du classement des états de santé obtenu par rapport au choix arbitraire du point origine et de l'unité de mesure. Ces propriétés sont particulièrement bien illustrées par le modèle développé par TIBOUTI (1986) [46].

1.2. Un exemple de modélisation MIMIC : le modèle de Tibouti

Le modèle de Tibouti (figure 6) a été développé pour construire un indice d'état de santé d'une population. Il a permis de classer 94 pays (essentiellement des pays en développement) selon l'état de santé de leur population.

1.2.1. Spécification du modèle

L'état de santé de la population est représenté par la variable latente MIMIC-HSI. Cette variable est influencée par les déterminants de santé (offre de soins HMED, taux d'urbanisation URBA et état nutritionnel de la population, CALO). Elle est donc estimée à partir d'une transformation linéaire de ses déterminants.

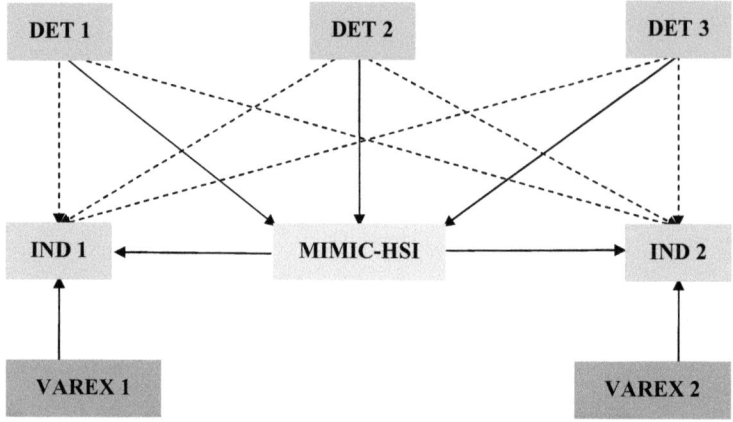

DET = déterminant de la santé, IND = indicateur de la santé, VAREX = autres variables explicatives des indicateurs de la santé, MIMIC-HSI = Multiple Indicators MultIple Causes – Health Status Index

Figure 5 : Schéma général du modèle MIMIC adapté de Van de Ven et *al*, 1991[48]

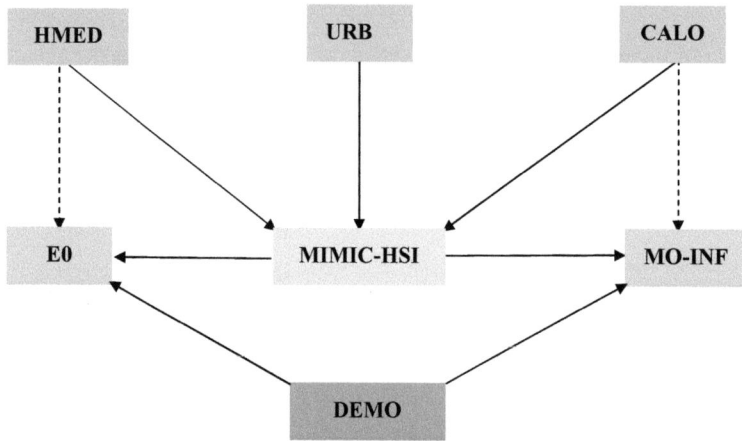

HMED = offre de soins (nombre de médecins par habitant), URB = taux d'urbanisation, CALO = état nutritionnel de la population, E0 = espérance de vie à la naissance, MO-INF = mortalité infantile, DEMO = structure démographique de la population

Figure 6 : Modèle de Tibouti, adapté de Tibouti, 1986 [46]

Les déterminants de la santé influencent directement l'état de santé de la population et certains indicateurs de santé. Ils ont été choisis après vérification de la disponibilité des données et analyse de corrélations entre les variables.

<u>Les indicateurs de la santé</u> choisis sont l'espérance de vie à la naissance et la mortalité infantile. L'espérance de vie à la naissance (Eo) est influencée directement par l'état de santé de la population, l'offre de soins (HMED) et la structure démographique de la population (DEMO). Quant à la mortalité infantile (MO-INF), elle est influencée par l'état de santé de la population, l'état nutritionnel de la population (CALO) et également par la structure démographique de la population (DEMO).

Par hypothèse, les relations entre les variables sont définies comme étant linéaires. L'écriture formelle de ces relations est donc la suivante :

Eo (i) = a MIMIC-HSI (i) + b HMED (i) + c DEMO (i) + d + erreur aléatoire

MO-INF (i) = e MIMIC-HSI (i) + k CALO (i) + m DEMO (i) + n + erreur aléatoire

MIMIC-HSI (i) = p HMED (i) + q CALO (i) + s URBA (i) + erreur aléatoire

1.2.2. Identification du modèle

L'identification du modèle a été faite à partir d'un jeu de données sur l'année 1973 pour 94 pays. Le résultat obtenu était le suivant :

$MIMIC\text{-}HSI_{73} = -0,275\ HMED_{73} + 0,19881\ CALOR_{73} + 0,16630\ URB_{73}$

Un classement de ces pays a été obtenu à partir de l'indice d'état de santé estimé. Le tableau X présente les 40 premiers pays par ordre décroissant de valeur de l'indice, les premiers pays au classement étant ceux dont la population est en meilleure santé.

1.2.3. Propriétés numériques

L'indice construit à partir du modèle MIMIC est une variable d'intervalle, qui ne dépend ni de l'unité de mesure, ni du point d'origine. C'est cette propriété qui assure la stabilité du classement obtenu quelque soit le point origine et l'unité de mesure choisis. Ainsi Tibouti a montré que le changement d'unité de mesure (de l'échelle 1 à l'échelle 2) ne faisait pas varier le classement obtenu (tableau X). Il a également montré que les ratios de différence entre les valeurs d'état de santé de différents pays étaient stables quelque soit l'unité de mesure. Voici l'exemple de trois pays (Mexique, France, Danemark) pour illustrer cette propriété.

Echelle 1:

[MIMIC-HSI (France) – MIMIC-HSI (Danemark)] / [MIMIC-HSI (Mexique) – MIMIC-HSI (Danemark)]

= (40.49 - 41.54) / (32.18 - 41.54)

= **0.112**

Echelle 2:

[MIMIC-HSI (France) – MIMIC-HSI (Danemark)] / [MIMIC-HSI (Mexique) – MIMIC-HSI (Danemark)]

= (139.77 - 143.40) / (111.08 - 143.40)

= **0.112**

Cet exemple illustre bien une propriété des échelles d'intervalle qui permet de conserver le rapport des distances.

Le modèle MIMIC développé par Tibouti a permis d'illustrer la spécification et l'identification du modèle MIMIC ainsi que ses propriétés numériques. Appliqué à la mesure de l'impact sanitaire des pathologies, ce modèle pourrait permettre d'éviter la spécification multiplicative qualité de vie par quantité de vie, responsable de la faible robustesse des indices DALYs et HeaLYs. De plus ses propriétés numériques permettent d'espérer une meilleure robustesse.

1.3. Construction de l'indice MIMIC-BDI

L'indice MIMIC-BDI (Multiple Indicators MultIple Causes-Burden of Diseases) présenté dans cet ouvrage est une application du modèle MIMIC à la mesure de l'impact sanitaire des pathologies. Cette mesure est ici basée sur l'idée que l'impact sanitaire des pathologies sur la santé d'une population ne peut pas être directement observé mais peut être estimé par un modèle économétrique de type MIMIC intégrant des indicateurs de mortalité et de morbidité associées à ces pathologies [50]. La construction de l'indice MIMIC-BDI consiste en une spécification, puis une identification du modèle.

Tableau X : Classement de 40 pays en 1973 par ordre décroissant d'indice d'état de santé MIMIC-HSI selon deux échelles de mesure de l'indice (adapté de Tibouti 1986 [46])

PAYS	Echelle 1 MIMIC 73	Echelle 2 MIMIC 73	Classement
DANEMARK	41,54	143,40	1
ROYAUME-UNI	41,15	142,04	2
PAYS BAS	41,03	141,63	3
FRANCE	40,49	139,77	4
CANADA	40,38	139,39	5
FINLANDE	40,25	138,94	6
NORVEGE	39,86	136,60	7
SUEDE	39,63	136,80	8
NOUVELLE ZELANDE	39,54	136,49	9
JAPON	39,45	136,18	10
USA	39,08	134,91	11
AUSTRALIE	39,06	134,05	12
ITALIE	38,80	133,94	13
BELGIQUE	38,57	133,14	14
RFA	38,46	132,78	15
ISRAEL	38,20	131,85	16
HONGKONG	36,99	127,71	17
SUISSE	36,85	127,21	18
ARGENTINE	36,57	126,24	19
IRLANDE	36,43	125,76	20
ESPAGNE	36,03	124,38	21
GRECE	35,62	122,96	22
URUGUAY	35,03	120,93	23
AUTRICHE	34,88	120,39	24
CHILI	33,99	117,32	25
PORTUGAL	32,82	113,30	26
MEXIQUE	32,18	111,08	27
VENEZUELLA	31,64	109,24	28
AFRIQUE DU SUD	30,84	106,47	29
NICARAGUA	30,78	106,24	30
BRESIL	30,30	104,58	31
PEROU	30,08	103,82	32
PANAMA	29,91	103,25	33
PARAGUAY	29,77	102,77	34
IRAQ	28,94	99,89	35
TURQUIE	28,66	98,94	36
EGYPTE	28,49	98,35	37
JAMAIQUE	28,47	98,28	38
COREE	28,40	98,03	39
COSTA RICA	28,06	96,88	40

1.3.1. Spécification du modèle

La spécification du modèle consiste à choisir les variables et à écrire les équations traduisant les relations entre elles.

1.3.1.1. Choix des variables

Dans le modèle développé, l'impact sanitaire d'une pathologie au sein d'une population est représenté par une variable latente, MIMIC-BDI. Le modèle MIMIC qui permet d'estimer cette variable traduit le lien inobservable entre les déterminants de l'impact sanitaire des pathologies et les indicateurs de cet impact.

Pour réaliser le choix des variables, il est important de différencier les déterminants de la pathologie (les facteurs de risque tels que tabac, alcool) des déterminants de l'impact sanitaire de cette pathologie. Ainsi les hypothèses suivantes ont été émises:

1) L'impact sanitaire d'une pathologie au sein d'une population peut être déterminé par (1) la fréquence de survenue de la pathologie étudiée (incidence ou prévalence), (2) le taux de décès liés à cette pathologie, (3) le score d'invalidité associée à cette pathologie et (4) la durée de l'invalidité. Cette hypothèse est également sous-jacente à la construction des indices DALYs et HeaLYs. Pour les mêmes raisons que celles énoncées pour la construction des DALYs (*cf.* partie I, section 2.4.2.2), c'est la variable incidence des pathologies qui a été choisie pour refléter leur fréquence.

2) Les indicateurs de l'impact d'une pathologie sur la santé d'une population peuvent être la consommation de soins mais également les arrêts de travail engendrés par cette pathologie. Cependant, les arrêts de travail ne semblent pas pertinents, car ils ne concernent que la population active, excluant ainsi l'impact de la pathologie sur une partie importante de la population. Il est à noter que la consommation de soins ne pourrait constituer un bon indicateur de l'impact sanitaire des pathologies que si l'offre de soins est disponible et accessible. En effet, si cette condition n'était pas remplie, alors le besoin de

58

santé lié à une pathologie ne se transformerait pas en consommation de soins.

3) Les indicateurs de consommation de soins peuvent être regroupés en deux catégories : la consommation de soins ambulatoires et la consommation de soins hospitaliers.

4) Le nombre de consultations médicales associées à une pathologie donnée est un indicateur pertinent de consommation de soins ambulatoires, car les médecins constituent les principaux prescripteurs de cette consommation. A priori, la consommation de médicaments ne serait pas un bon indicateur de l'impact sanitaire des pathologies. En effet, elle est fortement liée à la posologie nécessaire au traitement et à la durée du traitement lorsqu'elle est mesurée en volume. Et elle dépend du prix des médicaments lorsqu'elle est exprimée en valeurs monétaires.

5) La durée moyenne de séjour, le nombre d'admissions hospitalières (ou le nombre de sorties) et le nombre total de journées d'hospitalisation pour une pathologie donnée constituent des indicateurs pertinents de la consommation hospitalière. Le nombre de journées d'hospitalisation peut être estimé par multiplication de la durée moyenne de séjour et du nombre d'admissions. De ce fait, les variables « durée moyenne de séjour » et « nombre d'admissions ou de sorties» peuvent être suffisantes pour représenter la consommation de soins hospitaliers.

6) La consommation de soins est également liée à la disponibilité et à l'accessibilité de l'offre de soins. Ainsi si une variabilité en fonction des pathologies de l'effet de l'offre sur la consommation de soins est mise en évidence, il serait pertinent d'introduire un indicateur d'offre de soins dans le modèle.

1.3.1.2. Relations entre les variables

La définition des relations entre les variables a été réalisée sur une base conceptuelle et sera testée par la suite empiriquement par évaluation des relations statistiquement significatives entre les variables. Les hypothèses suivantes ont été formulées :

1) l'impact sanitaire d'une pathologie peut être représenté par une variable latente, elle même influencée par ses déterminants.

2) La consommation de soins ambulatoires pour une pathologie peut être expliquée (1) par la variable MIMIC-BDI, (2) par la fréquence de survenue de la pathologie (incidence), (3) et/ou la durée d'invalidité, (4) et/ou le score d'invalidité associés à cette pathologie et (5) par l'offre de soins ambulatoires. L'offre de soins ambulatoires peut varier d'une pathologie à une autre, selon la disponibilité des professionnels de santé. Cependant cette variabilité doit être mise en évidence préalablement à l'introduction de cette variable dans le modèle. Pour cela, une classification des professionnels de santé par pathologies traitées est nécessaire. En pratique, une telle classification n'existe pas, ces professionnels étant classés par spécialités médicales.

3) La durée moyenne de séjour est influencée (1) par la variable MIMIC-BDI, (2) par le score d'invalidité et (3) par l'offre de soins hospitaliers. L'offre de soins hospitaliers par pathologie peut varier au niveau des professionnels de santé (médecins spécialistes salariés par exemple), mais aussi au niveau des établissements de santé (lits disponibles pour la prise en charge de patients souffrant de cette pathologie). Cependant, l'estimation de l'offre de soins par pathologie au niveau des établissements de santé et des professionnels de santé ne pourra pas être introduit dans le modèle développé ici, car les données disponibles ne concernent que des spécialités médicales et non les pathologies.

4) Le nombre d'admissions hospitalières (ou nombre de sorties hospitalières) pour une pathologie donnée peut être influencé par (1) la variable MIMIC-

BDI, (2) par la fréquence de survenue (incidence) de la pathologie, (3) et/ou par la durée d'invalidité, (4) et/ou par le score d'invalidité associé à cette pathologie et enfin (5) par l'offre de soins hospitaliers.

5) Les relations entre les variables sont définies comme étant linéaires.

La structure théorique obtenue à partir de ces hypothèses est représentée par la figure 7.

Les variables endogènes du modèle sont les suivantes :

- Durée moyenne de séjour hospitalier (Y_1)
- Nombre de consultations médicales ambulatoires (Y_2)
- Nombre d'admissions ou de sorties (Y_3)
- la variable latente MIMIC-BDI (Y_4)

Les variables exogènes du modèle sont les suivantes :

- Taux de décès dus à une pathologie donnée (X_1)
- Score d'invalidité (X_2)
- Durée moyenne d'invalidité (X_3)
- Incidence (X_4)

Sur la base de l'hypothèse que la disparité de l'offre de soins entre les pathologies est faible dans les pays développés, les variables d'offre de soins ont été exclues. Les données concernant ces variables ne sont pas disponibles et restent à construire pour valider cette hypothèse.

La forme structurelle peut alors s'écrire de la manière suivante :

$$Y_1 = \alpha_{10} + \alpha_{11} X_1 + \alpha_{12} X_2 + \alpha_{13} X_3 + \alpha_{14} X_4 + \beta_1 Y_4 + U_1$$

$$Y_2 = \alpha_{20} + \alpha_{21} X_1 + \alpha_{22} X_2 + \alpha_{23} X_3 + \alpha_{24} X_4 + \beta_2 Y_4 + U_2$$

$$Y_3 = \alpha_{30} + \alpha_{31} X_1 + \alpha_{32} X_2 + \alpha_{33} X_3 + \alpha_{34} X_4 + \beta_3 Y_4 + U_3$$

$$Y_4 = \alpha_{40} + \alpha_{41} X_1 + \alpha_{42} X_2 + \alpha_{43} X_3 + \alpha_{44} X_4 + \beta_4 Y_4 + U$$

U_1, U_2, U_3 et U sont des résidus non observables.

Les hypothèses énoncées ci-dessus permettent de déterminer comme étant nulles les coefficients suivants :

$\alpha_{11} = 0$, $\alpha_{13} = 0$, $\alpha_{14} = 0$, $\alpha_{21} = 0$, $\alpha_{31} = 0$

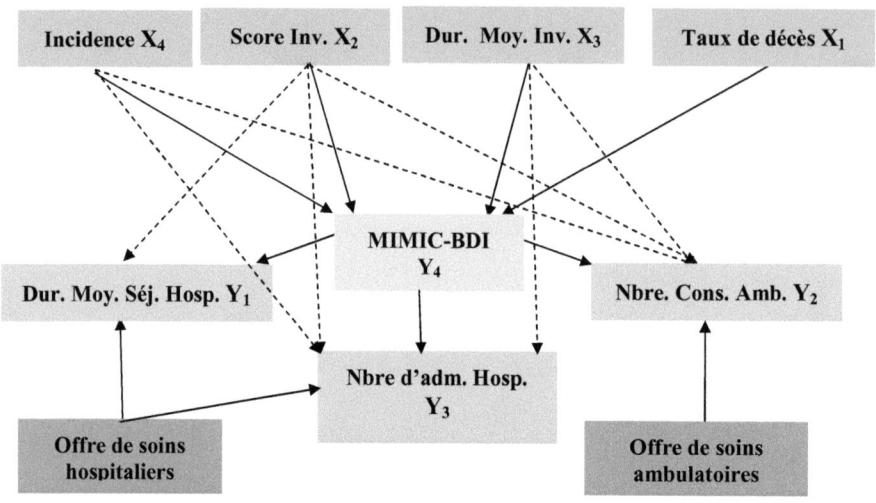

Inv. = Invalidité, Dur. Moy. Séj. Hosp. = durée moyenne de séjour hospitalier, Nbre. Cons. Amb. = nombre de consultations ambulatoires, Dur. Moy. Inv. = durée moyenne d'invalidité, Nbre d'adm. Hosp. = nombre d'admissions hospitalières

Figure 7 : Modèle MIMIC théorique pour l'estimation de l'indice MIMIC-BDI

La pertinence des hypothèses émises pourra être évaluée par une matrice de corrélation entre les différentes variables. Selon les résultats obtenus, une nouvelle structure sera définie, et on devra s'assurer que le modèle obtenu est identifiable.

Après identification du modèle, les scores de MIMIC-BDI seront estimés, un classement des pathologies proposé puis confronté au résultat d'une analyse en composantes principales.

1.3.2. Analyse en composantes principales

L'analyse en composantes principales est une technique permettant de synthétiser et de structurer l'information contenue dans les données, sous une forme graphique [51]. Elle ne nécessite aucune condition de validité [51]. Elle sera réalisée sur les variables explicatives du modèle MIMIC obtenu et les résultats seront comparés au classement obtenu à partir de l'indice MIMIC-BDI.

1.3.3. Recueil des données

Les données utilisées pour l'identification du modèle correspondent à la population française pour l'année 2000. Lorsque ces données n'étaient pas disponibles pour l'année 2000, une approximation à partir des données 1999 et 2001 a été effectuée.

1.3.3.1. Variables exogènes

Taux de décès dus à une pathologie donnée :
Les données de causes de décès ont été extraites de la base Eco-Santé 2003. Elles correspondent au taux de décès standardisé 1999 pour 100 000 personnes (année 2000 non disponible) par rapport à la population mondiale 1980. Pour la grippe, l'arthrose périphérique et l'appendicite (non disponibles sur la base Eco-Santé 2003), un calcul manuel du taux de décès standardisé a été effectué à partir du nombre de décès pour l'année 1999 (source : fichier OMS, données brutes de mortalité par causes, CIM 9), de la structure de la population française en 1999 et de la structure de la population mondiale en 1980 (source : base Eco-Santé 2003).

Score d'invalidité :
Les données de score d'invalidité correspondent à celles utilisées pour l'estimation de l'indice DALYs en 2000 [52]. Ce score est compris entre 0 (état de parfaite santé) et 1 (mort). Pour certaines pathologies, les scores d'invalidité ont été estimés à différents stades de sévérité.

Pour le VIH/SIDA, deux scores ont été utilisés pour l'estimation des DALYs : 0,136 pour l'infection VIH et 0,505 pour le SIDA. Pour MIMIC-BDI, c'est le score du stade SIDA qui a été considéré, car les données permettant d'évaluer séparément le nombre de cas d'infection à VIH, du nombre de cas de SIDA ne sont pas disponibles.

Pour le diabète, le score d'invalidité a été estimé à partir des scores de l'étude GBD 2000 [52] et de la répartition des différentes complications du diabète. Ainsi selon les chiffres donnés par l'étude GBD 2000 sur le diabète pour la zone Euro A (à laquelle appartient la France) [53], 32% des diabétiques souffrent de neuropathie (score : 0,066), 6,2% ont un pied diabétique (score : 0,130), 0,5% présentent une cécité (score : 0,511), et 0,24% ont subi une amputation (score : 0,086). Pour les cas de diabète non compliqués et pour d'autres complications, un score de 0,018 a été appliqué dans l'étude GBD 2000 [53]. Les données de consommation de soins par stade de sévérité du diabète n'étant pas disponibles, un score global a été calculé de la manière suivante : *0.32*0.066 + 0.062*0.130 + 0.005*0.511 + 0.0024*0.086 + 0.018* (1-0.32-0.062-0.005-0.0024) =0.042.*

Pour les cancers, quatre scores d'invalidité ont été estimés selon les stades d'évolution de la pathologie: stade diagnostic (score : 0,086 à 0,20), stade de traitement avec stabilisation (score : 0,09 à 0,20), stade métastasique ou stade préterminal (score : 0,75) et stade terminal (score : 0,809). Du fait de la non disponibilité des données épidémiologiques par stades d'évolution de la pathologie, ce score a été fixé à 0,75 (stade métastasique ou stade préterminal) pour les cancers à létalité élevée et entre 0,09 et 0,20 (stade de traitement avec stabilisation) dans les autres cas. La létalité d'un cancer a été considérée comme élevée lorsque le rapport taux de décès/incidence était supérieur à 0,25.

Durée moyenne d'invalidité :

Exprimée en années, elle a été estimée à partir du rapport prévalence/incidence (étude GBD 2000, zone euro A [54]) pour les pathologies suivantes : VIH/SIDA, diabète, maladies cardiovasculaires et l'arthrose périphérique. Pour les tumeurs malignes, l'infarctus du myocarde, la grippe et l'appendicite, les données de la littérature ont été utilisées [55, 56, 57, 58].

Incidence :

Exprimées en nombre de cas pour 100 000 personnes, les données d'incidence des différentes pathologies pour l'année 2000 sont essentiellement issues de la littérature

[53, 54, 55, 56, 57, 58, 59, 60, 61], de la base Eco-Santé 2003, et de l'INVS (Institut National de Veille Sanitaire).

1.3.3.2. Variables endogènes

Durée Moyenne de séjour :

Les données pour l'année 2000 sont issues de la base Eco-Santé 2003.

Nombre de consultations médicales :

Ces données ont été extraites de l'EPPM (Enquête permanente sur la prescription médicale) de IMS Health pour la période novembre 2000 à octobre 2001.

Nombre de sorties hospitalières :

Les données sont issues de la base Eco-Santé pour l'année 2000.

Les données disponibles sont présentées dans le tableau XI. Elles correspondent à un échantillon de dix pathologies.

Tableau XI : Données disponibles pour un échantillon de dix pathologies

PATHOLOGIES	MORT	INC	INV	DMI	CONS	DMS	NS
unité	pour 100 000 pers.	pour 1000 pers.		années	millions	jours	milliers
VIH/SIDA	1,5	0,03	0,51	19,86	0,05	12,8	14,1
TUMEURS MALIGNES POUMON	33,5	0,47	0,75	2	0,21	10,8	57,1
TUMEURS MALIGNES COLON-RECTUM	19,1	0,62	0,75	4	0,23	13,5	72,1
CANCER SEIN	25,7	1,39	0,09	10	0,8	7,2	61,9
DIABETE	10,6	1,87	0,04	18,31	10,24	8	142,8
INFARCTUS DU MYOCARDE	28,1	2,04	0,41	0,5	0,64	7,5	73,4
MALADIES CEREBROVASC.	39,3	2,13	0,92	17,39	2,65	11,6	126,6
GRIPPE	1,11	68,12	0,28	0,02	0,34	9,8	120,1
ARTHROSE PERIPHERIQUE	0,51	1,79	0,12	12,2	11,5	12	150,8
APPENDICITE	0,1	3,83	0,46	0,04	0,11	4,8	133,3

2. Résultats

2.1. Matrice de corrélation

La matrice de corrélation entre les variables est présentée dans le tableau XII. Cette matrice montre une corrélation :

-positive entre la durée moyenne de séjour hospitalier et le score d'invalidité traduisant le fait que la durée de séjour augmente avec le degré d'invalidité,

-positive entre la durée moyenne de séjour et la durée moyenne d'invalidité, reflétant la supériorité de la durée moyenne de séjour pour les pathologies chroniques par rapport aux pathologies aiguës,

-négative entre nombre de consultations médicales ambulatoires et score d'invalidité ce qui semble traduire le fait que plus le degré d'invalidité est élevé, et moins la pathologie est prise en charge en ambulatoire,

-positive entre nombre de consultations médicales ambulatoires et durée moyenne d'invalidité,

-positive entre nombre de sorties hospitalières et nombre de consultations médicales ambulatoires, ce qui soulève la question de la pertinence de la variable nombre de sorties hospitalières dans le modèle, d'autant plus que cette dernière est faiblement corrélée avec les variables exogènes,

-positive entre le score d'invalidité et le taux de décès dus à une pathologie, ce qui pourrait être à l'origine d'un problème de multicolinéarité.

Ces résultats sont à considérer avec précaution, car la taille de l'échantillon (n=10) est assez faible. Pour illustrer la construction du modèle, la figure 8 présente la structure obtenue à partir des hypothèses émises et de la matrice de corrélation entre les variables. La forme structurelle simplifiée correspondante peut s'écrire:

$$Y_1 = \alpha_{10} + \alpha_{12} X_2 + \alpha_{13} X_3 + \beta_1 Y_4 + U_1$$

$$Y_2 = \alpha_{20} + \alpha_{22} X_2 + \alpha_{23} X_3 + \beta_2 Y_4 + U_2$$

$$Y_3 = \alpha_{30} + \beta_3 Y_4 + U_3$$

$$Y_4 = \alpha_{40} + \alpha_{41} X_1 + \alpha_{42} X_2 + \alpha_{43} X_3 + \alpha_{44} X_4 + \beta_4 Y_4 + U$$

En effet les coefficients suivants ont selon la structure définie une valeur nulle :

$\alpha_{11}, \alpha_{14}, \alpha_{21}, \alpha_{24}, \alpha_{31}, \alpha_{32}, \alpha_{33}, \alpha_{34}$

Tableau XII: Matrice de Corrélation

	MORT	INC	INV	DMI	CONS	DMS	NS
MORT	1	-0,353	0,53	-0,015	-0,265	0,077	-0,245
INC	-0,353	1	-0,186	-0,378	-0,178	-0,038	0,229
INV	0,53	-0,186	1	-0,115	-0,541	0,441	-0,299
DMI	-0,015	-0,378	-0,115	1	0,496	0,36	-0,008
CONS	-0,265	-0,178	-0,541	0,496	1	0,078	0,649
DMS	0,077	-0,038	0,441	0,36	0,078	1	-0,283
NS	-0,245	0,229	-0,299	-0,008	0,649	-0,283	1

MORT = taux de décès,
INV = score d'invalidité,
DMI= durée moyenne d'invalidité,
INC= incidence,
CONS= nombre de consultations médicales ambulatoires,
DMS= durée moyenne de séjour,
NS= nombre de sorties hospitalières

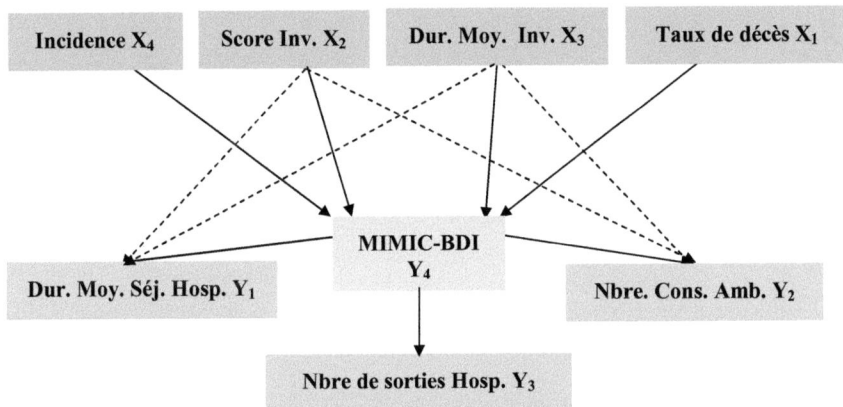

Inv. = Invalidité, Dur. Séj. Hosp. = durée moyenne de séjour hospitalier, Nbre. Cons. Amb. = nombre de consultations ambulatoires, Dur. Moy. Inv. = durée moyenne d'invalidité, Nbre de sorties Hosp. = nombre de sorties hospitalières

Figure 8 : Modèle MIMIC pour l'estimation de l'indice MIMIC-BDI

2.2. Identification du modèle

La structure du modèle ayant été définie, les équations du modèle de régression multiple peuvent être aisément résolues après l'écriture de la forme réduite du modèle et le choix arbitraire d'une unité de mesure et d'un point origine.

Forme réduite :

$$Y_1 = (\alpha_{10} + \beta_1 \alpha_{40}) + \beta_1 \alpha_{41} X_1 + (\alpha_{12} + \beta_1 \alpha_{42}) X_2 + (\alpha_{13} + \beta_1 \alpha_{43}) X_3 + \beta_1 \alpha_{44} X_4 + U_1$$

$$Y_2 = (\alpha_{20} + \beta_2 \alpha_{40}) + \beta_2 \alpha_{41} X_1 + (\alpha_{22} + \beta_2 \alpha_{42}) X_2 + (\alpha_{23} + \beta_2 \alpha_{43}) X_3 + \beta_2 \alpha_{44} X_4 + U_2$$

$$Y_3 = (\alpha_{30} + \beta_3 \alpha_{40}) + \beta_3 \alpha_{41} X_1 + \beta_3 \alpha_{42} X_2 + \beta_3 \alpha_{43} X_3 + \beta_3 \alpha_{44} X_4 + U_3$$

Ou

$$Y_1 = C_{10} + C_{11} X_1 + C_{12} X_2 + C_{13} X_3 + C_{14} X_4 + U_1$$

$$Y_2 = C_{20} + C_{21} X_1 + C_{22} X_2 + C_{23} X_3 + C_{24} X_4 + U_2$$

$$Y_3 = C_{30} + C_{31} X_1 + C_{32} X_2 + C_{33} X_3 + C_{34} X_4 + U_3$$

Avec

$C_{10} = \alpha_{10} + \beta_1 \alpha_{40}$	$C_{20} = \alpha_{20} + \beta_2 \alpha_{40}$	$C_{30} = \alpha_{30} + \beta_3 \alpha_{40}$
$C_{11} = \beta_1 \alpha_{41}$	$C_{21} = \beta_2 \alpha_{41}$	$C_{31} = \beta_3 \alpha_{41}$
$C_{12} = \alpha_{12} + \beta_1 \alpha_{42}$	$C_{22} = \alpha_{22} + \beta_2 \alpha_{42}$	$C_{32} = \beta_3 \alpha_{42}$
$C_{13} = \alpha_{13} + \beta_1 \alpha_{43}$	$C_{23} = \alpha_{23} + \beta_2 \alpha_{43}$	$C_{33} = \beta_3 \alpha_{43}$
$C_{14} = \beta_1 \alpha_{44}$	$C_{24} = \beta_2 \alpha_{44}$	$C_{34} = \beta_3 \alpha_{44}$

Choix d'une unité de mesure et d'un point origine :

Posons $\beta_1 = 1$, $\alpha_{40} = 0$

Identification :

Les coefficients permettant d'estimer la variable latente Y_4 à partir de la forme structurelle peuvent être calculés de la manière suivante :

$$\alpha_{41} = C_{11}$$

$$\alpha_{42} = C_{32} * C_{11} / C_{31} = C_{32} * C_{14} / C_{34}$$

$$\alpha_{43} = C_{33} * C_{11} / C_{31} = C_{33} * C_{14} / C_{34}$$

$$\alpha_{44} = C_{14}$$

Le logiciel SPSS a été utilisé pour estimer les coefficients de la forme réduite. Du fait de la faible taille de l'échantillon (n=10), aucun coefficient statistiquement significatif n'a été obtenu. Cependant, pour illustrer la construction de l'indice MIMIC-BDI, les valeurs de la variable latente obtenues à partir de ces coefficients ont été calculées.

L'équation permettant d'estimer la variable latente MIMIC-BDI est de la forme :

$$Y_4 = - 0,033 \ X_1 - 6,29 \ X_2 + 0,032 \ X_3 + 0,028 \ X_4$$

Les coefficients obtenus sont de signes différents. Mais cela est difficilement interprétable car ces coefficients ne sont pas statistiquement significatifs. Une matrice de corrélation entre la variable MIMIC-BDI et les variables endogènes et exogènes montre une forte corrélation négative entre la valeur de l'indice MIMIC-BDI et les variables score d'invalidité et taux de décès (tableau XIII).

Tableau XIII : Coefficients de corrélation entre la variable MIMIC-BDI et les variables endogènes et exogènes du modèle.

	MORT	INC	INV	DMI	CONS	DMS	NS
MIMIC-BDI	-0,706	0,4	-0,95	0,1	0,488	-0,332	0,339

Si l'on considère que plus ces variables sont élevées et plus l'impact sanitaire d'une pathologie donnée est fort, alors un classement des pathologies par ordre croissant de valeur MIMIC correspond à un classement des pathologies par ordre décroissant d'intensité d'impact sanitaire (tableau XIV). Cependant ces résultats sont à interpréter avec beaucoup de prudence du fait du manque de puissance statistique de cette étude. Ils permettent d'illustrer la construction de l'indice MIMIC-BDI. C'est avec réserve qu'il faut constater que les trois premières pathologies figurent dans les cinq premières pathologies ayant les taux de décès et les scores d'invalidité les plus élevés. On remarque également le classement surprenant de l'appendicite en cinquième position devant le VIH/SIDA et les tumeurs malignes du sein, alors qu'il s'agit d'une pathologie relativement bien prise en charge (le plus faible taux de décès de l'échantillon, et une durée moyenne d'invalidité très courte). Cela est du à son score d'invalidité et à son incidence élevés.

Si les propriétés numériques du modèle MIMIC sont conservées, le classement des pathologies obtenu ne devrait pas varier en fonction du choix arbitraire de l'unité de mesure et du point origine. Cependant en raison de la non significativité des coefficients de la régression linéaire, la vérification des propriétés numériques du modèle et une analyse de sensibilité par rapport au score d'invalidité auraient ici peu de pertinence.

Tableau XIV : Classement des pathologies par ordre croissant de MIMIC-BDI

PATHOLOGIES	MIMIC-BDI	Rang	MORT	Rang	INV	Rang	DMI	Rang	INC	Rang
	Y4		X1		X2		X3		X4	
MALADIES CEREBROVASC.	-6,47	1	39,3	1	0,92	1	17,39	3	2,13	3
TUMEURS MALIGNES DU POUMON	-5,75	2	33,5	2	0,75	2	2	7	0,47	9
TUMEURS MALIGNES COLON-RECTUML	-5,20	3	19,1	5	0,75	2	4	6	0,62	8
INFARCTUS DU MYOCARDE	-3,43	4	28,1	3	0,41	6	0,5	8	2,04	4
APPENDICITE	-2,79	5	0,1	10	0,46	5	0,04	9	3,83	2
VIH/SIDA	-2,62	6	1,5	7	0,51	4	19,86	1	0,03	10
TUMEURS MALIGNES DU SEIN	-1,06	7	25,7	4	0,09	9	10	5	1,39	7
ARTHROSE PERIPHERIQUE	-0,33	8	0,51	9	0,12	8	12,2	4	1,79	6
DIABETE	0,04	9	10,6	6	0,04	10	18,31	2	1,87	5
GRIPPE	0,11	10	1,11	8	0,28	7	0,02	10	68,12	1

MORT = taux de décès, INV = score d'invalidité, DMI= durée moyenne d'invalidité, INC= incidence

2.3. Analyse en Composantes Principales (ACP)

Cette analyse a été réalisée par le logiciel Donalysor sur l'ensemble des variables explicatives du modèle MIMIC : le taux de décès, l'incidence, le score d'invalidité et la durée moyenne d'invalidité. La première composante représente 44% de la variance, les deux premières composantes 76% et les trois premières composantes 89%. C'est la variable 1 (taux de décès) qui contribue le plus à la première composante et la variable 4 (durée moyenne d'invalidité) qui contribue le plus à la deuxième composante. Pour cette analyse, seules les deux premières composantes ont été retenues car elles correspondent à plus de 75% de la variance.

L'analyse en composantes principales à partir des deux premières composantes permet de représenter graphiquement les relations entre les variables (figure 9). Les variables V_1 (taux de décès) et V_3 (score d'invalidité) sont proches et semblent donc corrélées. La variable V_4 (durée moyenne d'invalidité) est située à environ 45° des variables V_1 (taux de décès) et V_3 (score d'invalidité), ce qui reflète une faible corrélation avec ces variables. De même, V_2 (incidence) est faiblement corrélé à V_1 (taux de décès) et V_3 (score d'invalidité). Ainsi cette représentation est en adéquation avec la matrice de corrélation réalisée précédemment (*cf.* tableau XII).

L'analyse en composantes principales à partir des deux premières composantes permet également de représenter les pathologies (figure 10). Suivant la première composante, les pathologies peuvent être classées de la manière suivante :

A7 (maladies cardiovasculaires), A2 (tumeurs malignes du poumon), A3 (tumeurs malignes du colon rectum), A6 (infarctus du myocarde), A4/A1 (cancer du sein/VIH SIDA, A10/A5 (Appendicite, diabète), A9 (arthrose périphérique), A8 (grippe).

Suivant la proximité des points pathologies représentées selon les deux premières composantes principales dans la figure 10, on peut regrouper les pathologies dans quatre groupes :

71

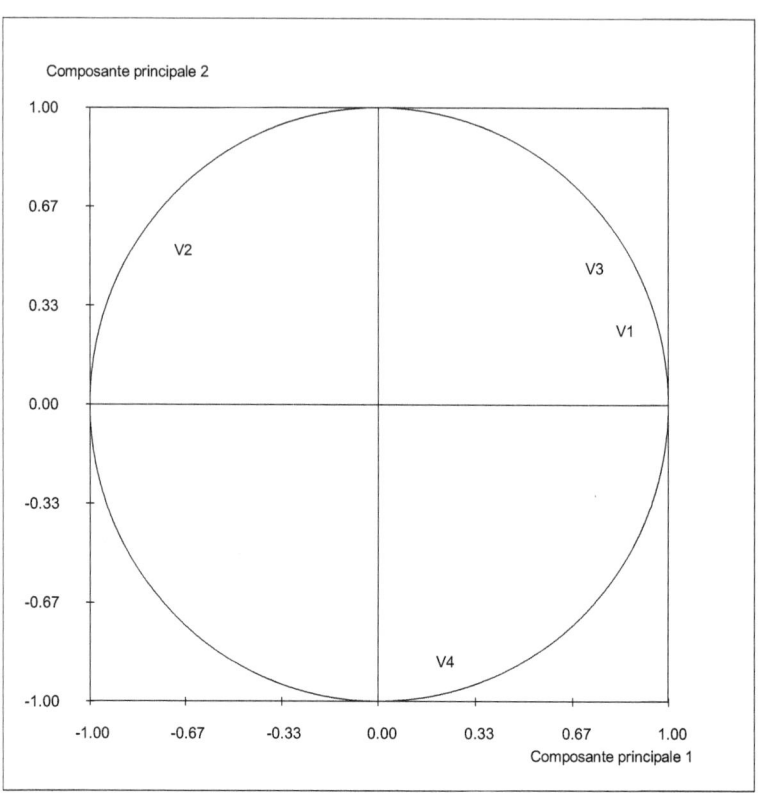

Figure 9 : Variables du modèle MIMIC selon une ACP normée (logiciel Donalysor)

- A7 (maladies cardiovasculaires) (1er dans la classification par MIMIC-BDI)
- A2 (tumeurs malignes du poumon), A3 (tumeurs malignes du colon rectum), A6 (infarctus du myocarde) (ayant des rangs respectifs de 2,3,4 dans la classification par l'indice MIMIC-BDI),
- A 10 (appendicite), (ayant le 5ème rang dans la classification par MIMIC-BDI),
- A1 (VIH SIDA), A4 (tumeurs malignes du sein) (ayant les rangs 6 et 7 dans la classification par MIMIC-BDI)
- A5 (diabète), A9 (arthrose périphérique), (ayant respectivement les rangs 9 et 8 pour l'indice MIMIC-BDI)

- A8 (grippe) (ayant le 10ème rang dans la classification par MIMIC-BDI).

Au final, le regroupement obtenu est assez proche de la classification des pathologies par l'indice MIMIC-BDI.

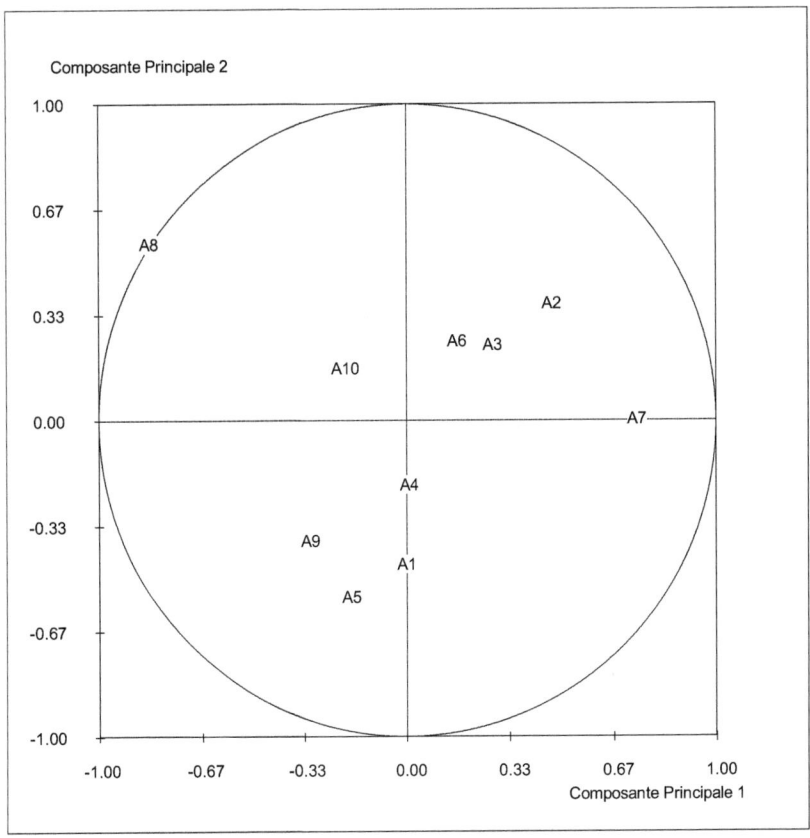

Figure 10 : Graphique des pathologies selon une ACP normée (logiciel Donalysor)

A1=VIH/SIDA, A2= tumeurs malignes du poumon, A3= tumeurs malignes du colon-rectum, A4= tumeurs malignes du sein, A5= diabète, A6=infarctus du myocarde, A7= maladies cérébrovasculaires, A8=arthrose périphérique, A9=arthrose périphérique, A10=appendicite

Afin d'obtenir une classification des pathologies, une analyse en composantes principales avec rotation quartimax a été réalisée par le logiciel SPSS, après avoir normalisé les données par Excel.

Comme la précédente ACP et en toute logique, la première composante représente 44% de la variance, les deux premières 76% et les trois premières 89%. La représentation des variables montre comme précédemment une corrélation entre score d'invalidité et taux de décès et une faible corrélation de ces deux variables avec la durée moyenne d'invalidité et l'incidence.

La figure 11 représente les pathologies selon l'analyse en composante principale normée avec rotation quartimax réalisée par le logiciel SPSS.

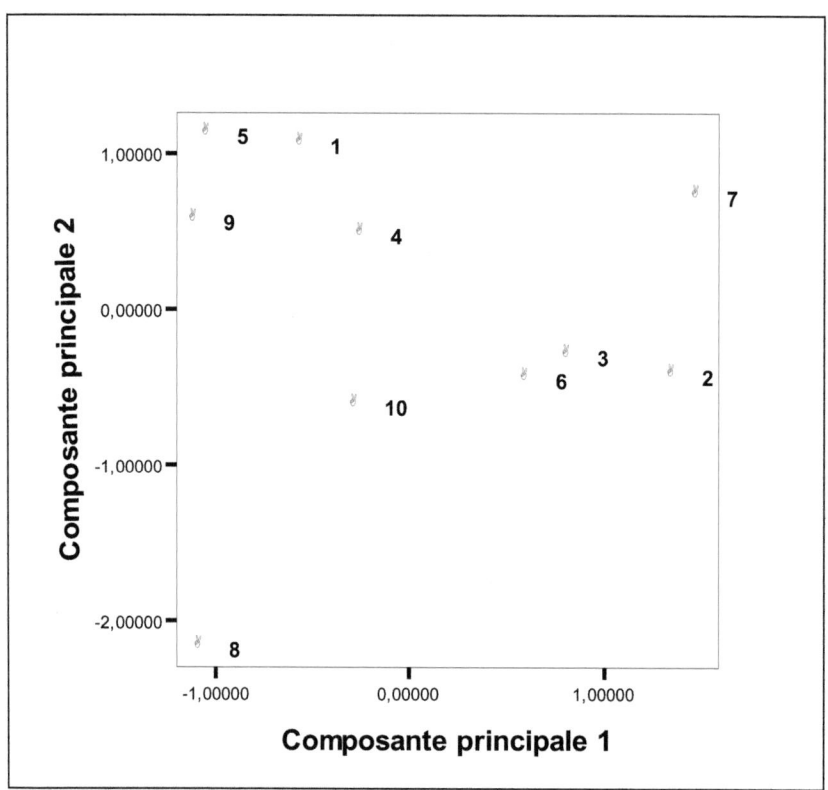

Figure 11 : Graphique des pathologies selon une ACP normée avec rotation quartimax (logiciel SPSS)

1=VIH/SIDA, 2= tumeurs malignes du poumon, 3= tumeurs malignes du colon-rectum, 4= tumeurs malignes du sein, 5= diabète, 6=infarctus du myocarde, 7= maladies cérébrovasculaires, 8=arthrose périphérique, 9=arthrose périphérique, 10=appendicite

Suivant la première composante, les pathologies peuvent être classées de la manière suivante :

A7 (maladies cardiovasculaires), A2 (tumeurs malignes du poumon), A3 (tumeurs malignes du colon rectum), A6 (infarctus du myocarde), A4/A10 (cancer du sein/ appendicite), A1 (VIH SIDA), A5 (diabète), A9 (arthrose périphérique), A8 (grippe). Suivant la proximité des points pathologies représentées selon les deux premières composantes principales dans la figure 11, on peut regrouper les pathologies dans six groupes :

- A7 (maladies cardiovasculaires) (1er dans la classification par MIMIC-BDI)
- A2 (tumeurs malignes du poumon), A3 (tumeurs malignes du colon rectum), A6 (infarctus du myocarde) (ayant des rangs respectifs de 2,3,4 dans la classification par l'indice MIMIC-BDI),
- A 10 (appendicite), (ayant le 5ème rang dans la classification par MIMIC-BDI),
- A1 (VIH SIDA), A4 (tumeurs malignes du sein) (ayant les rangs 6 et 7 dans la classification par MIMIC-BDI)
- A5 (diabète), A9 (arthrose périphérique), (ayant respectivement les rangs 9 et 8 pour l'indice MIMIC-BDI)
- A8 (grippe) (ayant le 10ème rang dans la classification par MIMIC-BDI).

En définitive, le regroupement obtenu est assez proche de la classification des pathologies par l'indice MIMIC-BDI.

3. Discussion

3.1. Analyse critique

Pour l'analyse critique de l'indice MIMIC-BDI, les critères d'analyse utilisés seront les mêmes que ceux pris en compte pour les indices DALYs et HeaLYs dans la section 3 de la première partie de cet ouvrage.

3.1.1. Simplicité

L'indice MIMIC-BDI ne s'exprime pas en unité de temps comme les indices DALYs et HeaLYs. L'interprétation de ses valeurs cardinales est donc moins facile que celle des indices DALYs et HeaLYs. Néanmoins, le classement des pathologies par valeurs cardinales de l'indice croissantes ou décroissantes est assez simple à réaliser.

3.1.2. Validité

Pour les mêmes raisons énoncées dans l'analyse critique des DALYS et HeaLYs (*cf* section 3 partie 1), l'étude de la validité se limite ici à l'analyse de la validité de contenu et de la validité de construction.

Validité de contenu :

Pertinence des variables

Bien que le modèle MIMIC proposé utilise des variables communes à celle du modèle d'estimation des DALYs et HeaLYs, l'indice MIMIC-BDI n'est pas exprimé en années de vie perdues par rapport à une espérance de vie hypothétique. Ainsi il ne nécessite pas de définir un idéal de longévité commun, comme c'est le cas pour le calcul des DALYs. Et il n'autorise pas l'introduction d'un facteur de pondération en fonction de l'âge, ni d'un taux d'actualisation.

Concernant le score d'invalidité, les faiblesses des différentes méthodes d'estimation soulignées précédemment restent valables. Pour cette étude, les données de consommation de soins et les données épidémiologiques par stade d'évolution des pathologies n'étant pas disponibles, un score global a été estimé pour chaque pathologie sur la base d'hypothèses qui restent discutables.

Le choix des variables représentant les déterminants de l'impact sanitaire des pathologies ou les conséquences observables de cet impact est un point critique de ce travail. Il serait intéressant d'étudier la pertinence d'autres variables exogènes tels que prévalence, et les indicateurs d'offre de soins ainsi que d'autres variables endogènes tels que les arrêts de travail liés aux différentes pathologies et les absences scolaires. L'absence d'indicateur d'offre de soins est une des limites de ce modèle. En effet, dans les pays en développement, ou la disponibilité et l'accessibilité de l'offre de soins est limitée, les indicateurs de consommation de soins ne constituent pas de bons indicateurs des conséquences observables de l'impact sanitaire des pathologies.

Pertinence du modèle d'agrégation des indicateurs

Le modèle d'agrégation des indicateurs épidémiologiques et des indicateurs de qualité de vie n'est pas multiplicatif. Les résultats obtenus devraient donc être logiquement moins sensible aux erreurs d'estimation du score d'invalidité. Pour estimer l'indice MIMIC-BDI, il n'est pas nécessaire de faire l'hypothèse très discutable de l'indépendance entre la qualité de vie et la durée d'un état de santé. Cependant, une forte corrélation entre les deux poserait un problème de multicolinéarité pour l'identification du modèle.

Validité de construction :

L'indice MIMIC-BDI a été conçu de manière à respecter les critères définis par l'OMS. Ainsi il sera d'autant plus élevé ou plus faible que :

- l'incidence de la pathologie est forte, toutes choses étant égales par ailleurs,
- le score d'invalidité est élevé, toutes choses étant égales par ailleurs,
- la durée moyenne d'invalidité est longue, toutes choses étant égales par ailleurs,
- le taux de décès dus à une pathologie est élevé, toutes choses étant égales par ailleurs.

Les coefficients obtenus n'étant pas statistiquement significatifs, il n'est pas possible à ce stade d'évaluer cette validité.

3.1.3. Fiabilité

La fiabilité de l'indice MIMIC-BDI dépend essentiellement de celle des indicateurs utilisés pour l'estimer, en particulier de celle du score d'invalidité, pour lequel il n'existe pas de méthode d'estimation de référence. Néanmoins, l'utilisation d'un modèle économétrique a l'avantage de permettre la prise en compte des erreurs de mesure des différentes variables (surtout pour le score d'invalidité), des erreurs de spécification du modèle et des erreurs aléatoires [45].

En définitive, les avantages attendus de l'indice MIMIC-BDI par rapport aux indices DALYs et HeaLYs sont triple :

(1) l'amélioration de la robustesse de la mesure par la suppression du modèle multiplicatif,

(2) la prise en compte des différents type d'erreurs par le modèle économétrique,

(3) la propriété de variable d'intervalle ne dépendant ni de l'unité de mesure ni du point d'origine.

Cependant, la construction de cet indice nécessite un grand nombre de données. Pour cette étude, les données obtenues se sont limitées à dix pathologies, ce qui constitue un échantillon trop petit pour réaliser des tests statistiquement significatifs. Un travail important et fastidieux de collecte de données reste encore à réaliser.

3.2. Applications potentielles

L'indice MIMIC-BDI fournit une information synthétique sur l'impact sanitaire des pathologies sur la santé d'une population (*cf* section 1.3). Plusieurs applications sont donc envisageables : (1) la comparaison de l'impact de différentes pathologies sur la santé d'une population, (2) la comparaison de l'impact d'une pathologie sur différentes populations ou sous-groupes d'une population et (3) l'étude de l'évolution à travers le temps de l'impact d'une pathologie sur la santé d'une population.

3.2.1. Impact de différentes pathologies sur la santé d'une population

De même que les DALYs et HeaLYs, l'indice MIMIC-BDI pourrait permettre de comparer les pathologies entre elles en fonction de leur impact sur la santé d'une population. La structure proposée dans cet ouvrage correspond à cette application. Elle devrait permettre de classer les pathologies par ordre croissant ou décroissant de valeurs cardinales de MIMIC-BDI. Du fait des propriétés du modèle MIMIC (*cf* section 1.2.3), le classement obtenu devrait être stable quelles que soient les valeurs arbitraires de point origine et d'unité de mesure choisies.

La population étudiée peut être : (1) la population d'un pays ou d'un groupe de pays ou (2) un sous-groupe de population (individus d'une certaine tranche d'âge, d'une catégorie socioprofessionnelle, *etc...*).

Cependant, un grand nombre de données sont nécessaires pour estimer les paramètres du modèle MIMIC. Les données de consommation de soins sont particulièrement difficiles à obtenir. En outre, les coefficients obtenus pour le calcul de l'indice MIMIC-BDI ne seront valables que pour la population étudiée.

3.2.2. Comparaison de l'impact d'une pathologie sur différentes populations

Le modèle proposé dans cet ouvrage pourrait être utilisé également dans cette application. Les paramètres estimés à partir de données disponibles pour une pathologie donnée et dans plusieurs populations ou sous-groupes de population, permettraient alors d'identifier le modèle s'appliquant à cette pathologie et de construire un classement des populations les plus touchées par cette pathologie vers les populations les moins touchées.

Les populations étudiées pourraient être les populations de différents pays, ou de différentes régions d'un pays. On obtiendrait à partir du classement obtenu selon l'indice MIMIC-BDI, une indication de la capacité de ces pays ou de ces régions à prévenir et/ou à prendre en charge une pathologie donnée. Une autre application intéressante serait de comparer l'impact d'une pathologie sur différents groupes d'âge de la population ou différentes catégories socioprofessionnelles. Cependant, les données seraient assez difficiles à obtenir, notamment les données de consommation de soins et le score d'invalidité de chaque sous-groupe.

3.2.3. Évolution temporelle de l'impact d'une pathologie sur une population

Cette application nécessiterait de disposer de données concernant une pathologie et une population donnée sur différentes périodes. Elle serait alors basée sur l'hypothèse que la relation traduisant le lien entre les déterminants et les conséquences observables de l'impact d'une pathologie, est stable à travers le temps. Le modèle obtenu permettrait d'obtenir un classement croissant ou décroissant des périodes de temps au cours desquelles une population a été le plus ou le moins touchée par une pathologie. Cependant, certaines données seraient difficiles à obtenir sur plusieurs périodes de temps en particulier le score d'invalidité.

Le nouvel indice présenté dans cet ouvrage est destiné à la première application, à savoir, la mesure de l'impact des pathologies sur la santé d'une population. Les deux dernières applications citées mériteraient également d'être étudiées. Elles pourraient être exploitées lors de la réalisation d'évaluations économiques d'actions de santé concernant une pathologie donnée. Cependant, la difficulté d'obtention de données en particulier concernant le score d'invalidité est un obstacle non négligeable à l'implémentation de ces applications potentielles.

3.3. Utilisation en santé publique des indices de mesure de l'impact sanitaire des pathologies

La définition des priorités de santé est un processus de décision permettant d'allouer des ressources limitées pour des besoins concurrents [20]. Ces priorités peuvent appartenir à une ou plusieurs des catégories suivantes [20] : (1) les priorités orientées vers la prise en charge des pathologies, (2) les priorités orientées vers la prise en charge de sous-groupes de la population (jeunes, personnes âgées, femmes enceintes), (3) les priorités orientées vers les comportements individuels ou collectifs (consommation de tabac, alcool, conduites à risque) et (4) les priorités orientées vers des problématiques du système de soins. Les indices de mesure de l'impact sanitaire des pathologies peuvent constituer des outils d'aide à la décision pour la définition des priorités de prise en charge des pathologies. Ainsi ils peuvent contribuer non seulement à l'organisation et à la planification des actions sur le système de soins mais aussi à l'orientation des programmes de recherche [41]. Dans les pays industrialisés tels que la France, l'Espagne et le Royaume-Uni [20], la définition des priorités de prise en charge des pathologies est généralement basée sur les indicateurs épidémiologiques traditionnels, tels que l'incidence et les causes de mortalité prématurée [20]. Cependant, ces derniers ne fournissent pas d'information sur la qualité de vie des individus constituant la population. Les indices de mesure de l'impact sanitaire des pathologies permettent de pallier à cette lacune en fournissant une information synthétique sur la morbidité et la mortalité des pathologies à partir d'indicateurs épidémiologiques traditionnels et d'indicateurs de qualité de vie. Ainsi dans un rapport du GTNDO (Groupe Technique National de Définition des Objectifs) pour la DGS (Direction Générale de la Santé), les travaux récents de l'OMS concernant la mesure de l'impact sanitaire des pathologies et facteurs de risque par l'indice DALYs ont été utilisés pour sélectionner les problèmes de santé [57].

Certains auteurs [24] estiment que la définition des priorités de santé devrait être basée sur le principe d'efficacité marginale des actions de santé et non pas sur la mortalité et la morbidité des pathologies. Ce point de vue repose sur une vision utilitariste de la distribution interindividuelle des soins et services de santé, consistant à privilégier les pathologies pour lesquelles on dispose d'actions de santé efficaces. Il ne tient pas compte de la fréquence des pathologies, ni de leur impact sur la mortalité et la qualité de vie des individus de la population. Ainsi, il peut amener à négliger des pathologies très invalidantes, pour lesquelles les stratégies thérapeutiques n'apportent que peu d'amélioration. C'est le cas d'un certain nombre de pathologies mentales très invalidantes, dont l'incidence augmente dans les pays industrialisés. De plus, l'application de ce principe d'efficacité marginale à la définition des priorités de santé requiert de disposer d'information sur l'efficacité marginale de toutes les actions de santé disponibles, ce qui est difficilement réalisable en pratique. L'utilisation des indices de mesure de l'impact sanitaire des pathologies lors de la définition des priorités de santé relève plutôt d'une vision aristotélicienne de la justice distributive, basée sur le principe du besoin. Elle nécessite des informations sur la morbidité et la mortalité des pathologies.

Quel que soit le principe sous-jacent (efficacité ou besoin), la définition des priorités de santé nécessite de disposer d'outils de mesure fiables et praticables. Les critères retenus dans de nombreux pays pour définir les priorités de santé reposent souvent sur ces deux principes (efficacité et besoin) [20]. Ainsi les indices d'impact sanitaire des pathologies constituent des outils complémentaires à l'évaluation économique des actions de santé. Cependant, ils n'offrent pas encore suffisamment de garanties de fiabilité pour être utilisés par les décideurs pour la définition des priorités de santé, d'où la nécessité de développer des méthodes permettant d'améliorer la robustesse et la fiabilité de la mesure de l'impact sanitaire des pathologies. Le nouvel indice MIMIC-BDI, présenté dans cet ouvrage a été développé dans cette perspective. Bien qu'il semble prometteur, il nécessite encore un travail important de tests et de validation.

CONCLUSION

Les indices de mesure de l'impact sanitaire des pathologies fournissent une information synthétique sur la mortalité prématurée et la perte de qualité de vie attribuable à une pathologie donnée. Ils constituent ainsi des outils d'aide à la décision permettant aux autorités de santé publique : **d'identifier les problèmes sanitaires,- de définir les priorités de santé publique, d'optimiser l'allocation des ressources disponibles, et d'évaluer les résultats des actions de santé.**

Leur utilisation en amont de l'évaluation économique des actions de santé disponibles, peut permettre d'identifier et de classer les pathologies en fonction de leur impact sur la santé d'une population. Cependant, les indices existants, DALYs (*Disability-Adjusted Life Years*) et HeaLYs (*Healthy Life Years*), présentent des faiblesses méthodologiques qui remettent en cause leur applicabilité en santé publique, en particulier une fragilité théorique de leur construction et surtout une faible robustesse du modèle multiplicatif utilisé. Ainsi à partir d'une analyse critique des indices existants, un nouvel indice MIMIC-BDI (*Multiple Indicators MultIple Causes-Burden of Disease Index*), construit à partir d'un modèle économétrique à variable latente (*i.e.* non observable) a été proposé. Il est basé sur l'idée que l'impact sanitaire des pathologies n'est pas directement observable mais peut être estimé à travers le lien entre les déterminants observables de cet impact (incidence, score d'invalidité, mortalité prématurée et durée d'invalidité) et ses conséquences observables (consommation de soins hospitaliers et ambulatoires). Cet indice présente des propriétés qui peuvent permettre d'améliorer la robustesse de la mesure de l'impact sanitaire des pathologies, en particulier en évitant une spécification multiplicative entre indicateurs épidémiologiques et indicateurs de qualité de vie. Cependant, il nécessite un grand nombre de données. Un travail important de collecte de données et de test de la validité et de la fiabilité du modèle reste donc à réaliser.

Bibliographie

[1] Goldberg M, Dab W, Chaperon J, Fuhrer R, F Grémy. Indicateurs de santé et « sanitométrie » : les aspects conceptuels des recherches récentes sur la mesure de l'état de santé d'une population. Rév Epidém et Santé Publ 1979 ; 27 : 51-68.

[2] Murray CJL, Acharya AK. Understanding DALYs. Journal of Health Economics 1997; 16: 703-730.

[3] Hyder AA, Rotllant G, Morrow RH. Measuring the Burden of Disease: Healthy Life-Years. Am J Public Health 1998; 88: 196-202.

[4] CES (Collège des économistes de la santé). Guide méthodologique pour l'évaluation économique des stratégies de santé. Juillet 2003. http://perso.wanadoo.fr/ces, consulté le 6 avril 2004.

[5] Rudnick A. The notion of health: a conceptual analysis. IMAJ 2002; 4: 83-5

[6] Nunnaly JC. Psychometric Theory. Mc Graw Hill, New-York, 1978.

[7] Leplège A, Coste J. Mesure de la Santé Perceptuelle et de la Qualité de vie : méthodes et applications. Paris : Estem ; 2001.

[8] WHO (World Health Organization) Chron. 1947

[9] Dictionnaire de Médecine Flammarion. 4ème éd. Paris: Médecine-Sciences Flammarion; 1991

[10] Leplège A. La Mesure de la Qualité de Vie. Coll Que Sais-Je ? PUF, 1999, n°3506.

[11] Chatterji S, Ustün BL, Sadana R, Salomon JA, Mathers CD, Murray CJL. The conceptual basis for measuring and reporting on health. Discussion Paper No 45, World Health Organization / Global Program on Evidence for Health Policy, 2002. Geneva. http://www.who.int, consulté le 5 août 2003.

[12] Broome J. Measuring the Burden of Disease by aggregating Well-Being. In : Murray CJL, Salomon JA, Mathers CD and Lopez AD, editors. Summary measures of population health: concepts, ethics, measurement and applications. WHO, Geneva ; 2002. p91-113.

[13] Brock DW. The Separability of Health and Well-Being. In : Murray CJL, Salomon JA, Mathers CD and Lopez AD, editors. Summary measures of population health: concepts, ethics, measurement and applications. WHO, Geneva ; 2002. p115-120.

[14] World Health Organisation Working Group, 1994. http://www.who.int, consulté le 5 août 2003.

[15] Spilker B. Quality of Life and Pharmacoeconomics in Clinical Trials. Second Edition, Philadelphia : Lippincott-Raven Publishers ; 1996.

[16] Hunt SM, Mc Kenna SP. The QLDS. A scale for the measurement of quality of life in depression. Health Policy 1992 ; 22 : 307-319.

[17] Sadana R, Mathers CD, Lopez AD, Murray CJL, Iburg KM. Comparative analyses of more than 50 household surveys on health status. In : Murray CJL, Salomon JA, Mathers CD and Lopez AD, editors. Summary measures of population health: concepts, ethics, measurement and applications. WHO, Geneva ; 2002. p369-386

[18] Lachaud C. Equité dans le financement et la prestation de soins de santé en France : une approche par courbes de concentration. Th Doctorat, Lyon 1; 1992.

[19] Olsen JA. Theories of justice and their implications for priority setting in health care. Journal of Health Economics 1997 ; 16 : 625-639.

[20] Saloi M. La définition des priorités de santé : description et analyse des dispositifs dans deux pays de l'Union Européenne. Mémoire DEA, Lyon 1 ; 2003.

[21] Sullivan DF. Conceptual problems in developing an index of health. US public Health Service Publication Series n°1000. Vital and Health Statistics Series 2. No. 17. National Center for Health Statistics, 1966.

[22] Stevens SS. On the theory of scales of measurement, Science 1946, 103, 677-680.

[23] Murray CJL, Lopez AD. The Global Burden of Disease. A Comprehensive Assessment of Mortality and Disability from Diseases, Injuries, and Risk Factors in 1990 and Projected to 2020. Harvard University Press, Cambridge ; 1996.

[24] Williams A. Calculating the Global Burden of Disease : time for a strategic reappraisal ?

Health Econ 1999 ; 8 : 1-8

[25] Lyttkens CH. Time to disable DALYs ? Eur J Health Econom 2003 ; 4 : 195-202

[26] Anand S, Hanson K. Disability-adjusted life years : a critical review. Journal of Health Economics 1997 ; 16 : 685-702

[27] Sadana R. Development of standardized health state descriptions. In : Murray CJL, Salomon JA, Mathers CD and Lopez AD, editors. Summary measures of population health: concepts, ethics, measurement and applications. WHO, Geneva ; 2002. P315-328.

[28] Drummond MF, O'Brien BJ, Stoddart GL, Torrance GW. Méthodes d'Evaluation Economique des Programmes de Santé. 2ème éd. Paris: Economica ; 1998.

[29] Murray CJL. Quantifying the burden of disease: the technical basis for disability-adjusted life years. In Murray CJL and Lopez AD, editors. Global comparative assessments in the health sector: disease burden, expenditures and intervention packages. WHO, Geneva; 1994. pp 3-19.

[30] World Health Organization. National Burden of Disease Studies : a practical guide. Edition 2.0, Global Program on Evidence for Health Policy, Geneva : october 2001.

[31] Essink-Bot M, Bonsel GJ. How to derive disability weights. In: Murray CJL, Salomon JA, Mathers CD and Lopez AD, editors. Summary measures of population health: concepts, ethics, measurement and applications. WHO, Geneva ; 2002. p449-466.

[32] Mathers CD, Stein C, Ma Fat D, et al. Global Burden of Disease 2000: version 2 methods and results. Discussion Paper No 50, World Health Organization / Global Program on Evidence for Health Policy, 2002.Geneva. http://www.who.int consulté le 5 aout 2003.

[33] Murray CJL, Lopez AD. Quantifying disability : data, methods and results. In Murray CJL and Lopez AD, editors. Global comparative assessments in the health sector: disease burden, expenditures and intervention packages. WHO, Geneva; 1994. p55-69.

[34] ANAES (Agence Nationale d'Accréditation et d'Evaluation en Santé). Construction et utilisation des indicateurs dans le domaine de la santé. Mai 2002. http://www.anaes.fr, consulté le 2 février 2003.

[35] Coons SJ, Rao S, Keininger DL, Hays RD. A comparative review of generic Quality of life Instruments. Pharmacoeconomics 2000 ; 17 (1) : 13-35.

[36] Lindholm L, Rosen M. On the measurement of the nation's equity adjusted health. Health Econ 1998 ; 7 : 621-628

[37] Coons SJ, Rao S, Keininger DL, et al. A comparative review of generic Quality of life Instruments. Pharmacoeconomics 2000 ; 17 (1) : 13-35.

[38] Wagstaff A. QALYs and the equity-efficiency trade-off. J Health Econ 1991 ; 10 : 21-41.

[39] Williams A. Intergenerational equity : an exploration of the 'fair innings' argument. Health Econ 1997 ; 6 : 117-132.

[40] Duru G, Auray JP, Béresniak A, Lamure M, Paine A, Nicoloyannis N. Limitations of the Methods Used for Calculating Quality-Adjusted Life-Year Values. Pharmacoeconomics 2002 ; 20 (7) : 463-473.

[41] Brazier J, Deverill M, Green C, Harper R, Booth A. A review of the use of health status measures in economic evaluation. Health Technol Assess 1999; 3 (9).

[42] Murray CJL, Salomon JA, Mathers CD. A critical examination of summary measures of population health. In Murray CJL, Salomon JA, Mathers CD and Lopez

AD, editors. Summary measures of population health: concepts, ethics, measurement and applications. WHO, Geneva ; 2002: p13-40.

[43] Jöreskog KG, Golberger AS. Estimation of a Model with Multiple Indicators and Multiple Causes of a Single Latent Variable. Journal of the American Statistical Association 1975; 70: 631-639.

[44] Van de Ven WPMM and Van der Gaag J. Health as an unobservable: A MIMIC-model of demand for Health Care. Journal of Health Economics 1982; 1: 157-183

[45] Leu RE, Gerfin M and Spycher S. The validity of the MIMIC health index – some empirical evidence. In P.Zweifel and H.E. Frech III (eds.), Health Economics Worldwide, Kluwer Academic Publishers, 1992: 109-142

[46] Tibouti. État de santé, parités de pouvoir d'achat et croissance économique. Th Doctorat, Aix-Marseille II, 1986.

[47] Van Vliet RCJA, Van Praag BMS. Health Status estimation on the basis of the MIMIC-health care models. Journal of Health economics 1987; 6: 27-42.

[48] Van de Ven WPMM and Hooijmans EM. The MIMIC health status index (what it is and what it does). In : G.Duru and J.H.P Paelincks, editors. Econometrics of Health Care, Kluwer Academic Publishers, 1991: 19-24.

[49] Robinson PM, and Ferrara MC. The estimation of a Model for an Unobservable Variable with Endogenous Causes. In DJ Aigner and AS Goldberg, eds. Latent Variables in Socio-economics Models, North Holland Publ. Co., Amsterdam, 1977: 131-142.

[50] Kaltjob S, Spath HM, Duru G. Population Health Status Measure : a comparative study between DALY and MIMIC-Health Status Index. CES-HESG Meeting. 2004 Jan 14-16; Paris, France.

[51] Falissard B. Comprendre et utiliser les statistiques dans les sciences de la vie. $2^{\text{ème}}$ édition, Paris : MASSON, 1998.

[52] Mathers CD, Bernard C, Iburg KM et al. Global Burden of Disease in 2002: date sources, methods and results. Discussion Paper No 54, World Health Organization /

Global Program on Evidence for Health Policy, December 2003.Geneva. http://www.who.int consulté le 26 février 2004.

[53] Wild S, Roglic G, Sicree R et al. Global burden of diabetes mellitus in year 2000. Draft paper, Global Burden of Disease 2000, World Health Organization / Global Program on Evidence for Health Policy, Geneva. http://www.who.int consulté le 26 février 2004.

[54] DREES (Direction de la Recherche, des Etudes, de l'Evaluation et des Statistiques). Données sur la situation sanitaire et sociale en France en 2003. http://www.sante.gouv.fr/drees/donnees/donnees.htm, consulté le 26 février 2004.

[55] Perlemuter K, Montalescot G, Bassand JP. Infarctus du Myocarde. Ed : Université Paris 5 René Descartes, Faculté de médecine Paris-Ouest. http://www.chu-rouen.fr/cismef consulté le 26 février 2004.

[56] DGS (Direction Générale de la Santé) / GTNDO (Groupe Technique National de Définition des Objectifs). Analyse des connaissances disponibles sur les problèmes de santé sélectionnés, leurs déterminants, et les stratégies de santé publique. Définition d'objectifs. Rapport pour consultation, version du 10 Mars 2003, Paris, France.

[57] ANDEM (Agence Nationale pour le Développement de l'Evaluation Médicale). Recommandations et références médicales. Gastroentérologie. Appendicite. Le Concours Médical. Supplément au n°39 du 23 novembre 1996.

[58] Symmons D, Mathers C, Pfleger B. Global burden of osteoarthritis in the year 2000. Draft paper, Global Burden of Disease 2000, World Health Organization / Global Program on Evidence for Health Policy, Geneva. http://www.who.int consulté le 26 février 2004.

[59] A.R.H.I.F (Agence Régionale de l'Hospitalisation d'Ile de France). Accidents vasculaires cérébraux. Rapport du groupe de travail AVC, Juin 2000. http://www.urcamif.assurance-maladie.fr/gestionRisque/arh/avc.html, consulté le 26 février 2004.

[60] DHOS (Direction de l'Hospitalisation et de l'Organisation des Soins)/ DGS (Direction Générale de la Santé) / DGAS (Direction Générale de l'Action Sociale). Circulaire n°2003-517 du 3 novembre 2003 relative à la prise en charge des accidents vasculaires cérébraux. http://www.sante.gouv.fr, consulté le 26 février 2004.